De

Fecha

La Esfera
De
Los Pactos

(El Pacto de Vida y Los Pactos de Muerte)

El Pacto con Jehová y Los Pactos con Satanás

Equipamiento Intégritas

Apóstol Dr. Mario H. Rivera

&

Pastora Luz Rivera

Publicado por LAC Publications

Primera Edición 2026

ISBN: 979-8-985-92823-5

Impreso en USA (Printed in USA)
Categoría: Guerra Espiritual

Índice

1 Capítulo

Los Nueve Elementos del Pacto
(La esfera de los reinos espirituales)

- Pactos
- Votos
- Alianza

2 Capítulo

La Esfera de Los Pactos
(El pacto con la muerte)

- La esfera de los pactos
- La anatomía espiritual
- El misterio de un pacto en el matrimonio
- Los órganos genitales para el pacto
- La mujer
- El hombre
- Dos cosas del sello de virginidad en el hombre y la mujer
- La sangre
- Adán y Eva era vírgenes

- El término: Adán conoció a su mujer...
- Las teorías de la reproducción
- El pacto que testifica
- El sistema legal espiritual
- Borrar lo que testifica en contra
- ¿Qué significa borrar?

3 Capítulo

Los Pactos más Peligrosos y El Poder del Pacto de Sangre
(Los pactos en la esfera de los reinos)

- Ejemplo de la dinámica de un pacto
- La dinámica de un pacto
- Los pactos de los reinos
- La dinámica de los pactos
- La cultura de los pactos

4 Capítulo

El Pacto y Culto a La Muerte

- La forma de pactar
- Los pactos negativos afectan el canal de la oración
- El pacto con la muerte
- El engaño del pacto de muerte
- Significado de pacto

- Sinónimo de pacto: acuerdo
- Los gestores de la muerte

5 Capítulo

La Historia del Culto a La Muerte y Los Gestores de La Muerte

- Los gestores de muerte
- El jinete de la muerte
- La entidad muerte
- La muerte sobre la cuarta parte de la Tierra
- El reino de la muerte
- El enemigo a vencer
- El pacto de muerte a través del tiempo
- La historia del culto a la muerte
- Diferentes nombres de la muerte según la cultura regional

6 Capítulo

El Pacto de Vida Contra Los Pactos de Muerte

- El jinete de la muerte
- La muerte sobre la cuarta parte de la Tierra
- Receptores y gestores de la muerte
- Venciendo al espíritu de muerte

7 Capítulo

El Pacto de Vida y borrador de Los Pactos de Muerte

- El poder del pacto de la sangre de Cristo
- El pacto que testifica
- Las evidencias del poder de la sangre de Cristo
- Los componentes de un pacto

8 Capítulo

El Pacto de Vida y borrador de Los Pactos de Muerte

- El poder del pacto de la sangre de Cristo
- El pacto que testifica
- Las evidencias del poder de la sangre de Cristo
- Los componentes de un pacto

9 Capítulo

El Pacto Satánico y Las Clases de Posesiones
(Los conceptos legales del pacto – posesiones comunes y la perfecta

- Conceptos legales de pacto
- El elemento de contrato con el diablo
- Los elementos de un contrato
- Lo que podría suceder al realizar un pacto satánico
- Validez de un contrato
- Consentimiento mutuo
- La razón del consentimiento pleno

- La oferta demoniaca
- El requisito de realizar una acción
- Objeto del contrato
- Declaración de intención
- La forma escrita
- La dinámica de expresión escrita
- Definición del contrato
- Pacto con el diablo

Debes recordar que, todo lo visible fue hecho de lo invisible, puedo decir que la materia prima del mundo físico, es del mundo espiritual, principalmente cuando se trata de asuntos que conllevan gran repercusión en la vida como lo puede ser el aspecto jurídico; de esa manera puedo decir entonces que, si el mundo físico tiene leyes, está regido en términos generales por un ámbito jurídico, es porque el mundo espiritual también está regido de esa forma.

De hecho, cuando ves en la Biblia que Dios es juez justo (**Salmos 7:10**) y que el Señor Jesucristo es abogado (**1 Juan 2:1**), aunado a que Satanás ocupa el lugar de acusador (**Apocalipsis 12:10**), más aún, cuando ves en **1 Reyes 22:19-22**, puedes ver claramente el escenario de una corte celestial donde Dios Padre es quien la dirige y tiene a Su alrededor un grupo de seres espirituales opinando; entonces compruebas la veracidad de lo que te estoy hablando; pero el punto hacia donde quiero llevarte es que estás rodeado de ese mundo espiritual y que dependiendo de las actitudes que puedas tener, habrá una consecuencia espiritual, la cual a veces no se le encuentra razón para los padecimientos que puedas llegar a tener en la dimensión en la que estás.

Por supuesto que estoy refiriéndome cuando puedas cometer un error involuntario, quizá por falta de conocimiento o por el engaño de las tinieblas que está en constante acoso, de pronto puedas verte envuelto en ese tipo de situaciones incomprensibles pero que tienen una razón de ser porque vienen del mundo espiritual.

Todo esto sin contar que, hay gente sin paciencia que no espera en las promesas de Dios y de pronto empiezan a buscar hacer pactos, votos y alianzas con quien les ofrezca la solución a sus problemas, incluso podría decir que se atreven a negociar con algo muy importante que llevan dentro de ellos y aunque no les pertenece, se atreven a venderlo; me refiero a su propia alma; lo hacen por la falta de conocimiento respecto a todo lo que significa tener alma y que, a pesar de que hoy podría estar en un proceso de restauración o liberación de su alma, no por eso deja de ser una parte sumamente importante en la vida de aquella persona.

Por esa razón es que Satanás anda como león rugiente viendo a quién devorar; pero ese devorar no es tanto como podría pensarse físicamente respecto a un león devorando a una persona, sino más bien, a la disposición de tener el alma de una persona a su completa disposición después de haber pactado esa persona con las tinieblas.

Ahora bien, para tener una idea de cómo podría resolverse una situación de tipo legal espiritual, o sea, romper con un pacto con las tinieblas; debes tener presente que si bien es cierto que el diablo es poderoso, más cierto aún es el hecho que Dios es Todopoderoso; sin embargo, Dios siendo juez, lógicamente se mueve en un ámbito jurídico y respeta ese ambiente; no estoy diciendo que Dios respecte lo que Satanás haga, sino que, Dios respecta la decisión jurídica que hayas tomado, aunque haya sido errónea, respetará la decisión que tomaste al hacer un pacto con quien no debías y lo hará hasta que tú lo invites a que entre en el escenario de esa guerra espiritual para romper con cualquier pacto contrario a Dios y que vuelvas a tener la libertad en Cristo Jesús.

Cuando ves en **Colosenses 2:14 (TPT)**, puedes notar con toda claridad que el Señor Jesucristo borró el contrato legal que se había establecido en tu contra, entonces, ¿por qué siguen los problemas?, porque la restauración de tu alma antes de ese pacto satánico, ya era un proceso; ahora con ese pacto que Dios está revirtiendo, también es un proceso que El permite a través de Sus ministros de liberación; no es fácil pero tampoco imposible si verdaderamente confías en el poder de Dios.

En este libro te enseño a detalle la parte jurídico legal que se mueve en el mundo espiritual, aquello a lo que tienes derecho a recobrar en el nombre de Jesús para libertad de tu alma, por lo que te invito a estudiarlo y vivirlo para que formes parte en ese equipamiento como guerrero del ejército de Dios.

Apóstol Mario Rivera

Los Nueve Elementos Del Pacto

(La esfera de los reinos espirituales)

Capítulo 1

Los pactos son parte del sistema jurídico que Dios diseñó, tiene diferentes niveles de conexiones los cuales involucran también los votos, las alianzas, los acuerdos, etc. De aquí entonces que el hombre en casi todos sus ambientes fue diseñado para funcionar, operar y actuar en conexiones incluyendo pactos, votos, alianzas y acuerdos.

El interés que hoy presento en este libro, es que puedas aprender acerca de los pactos, no obstante también podrás aprender acerca de las formas de conexiones.

A manera de mención, debes saber que, la palabra pacto se encuentra en 297 versículos y se menciona 319 veces es decir, que hablar acerca de pactos, es un tema al que se le debe prestar suma atención, no obstante que en algún momento hayas tenido cierto conocimiento, es necesario retomarlo y hacer una actualización con el propósito que estés consciente de la importancia que todo esto amerita y no tenerlo como un cúmulo de información, aunque valiosa, pero por la misma razón que es mucha información podría descuidarse esa realidad, sobre la base en la que está, no solamente tu salvación, tu redención y la eternidad porque ahora tienes a Jesús en tu corazón; ahora ya tienes una senda que te está llevando a la meta sobre la que diariamente debes esforzarte por avanzar, pero para esto también es necesario estar alerta acerca de lo que se está moviendo en el ámbito espiritual del lado de las tinieblas porque de alguna manera eso puede impedir que tengas o dejes de tener cierto nivel espiritual; por supuesto que no es que Dios no quiera bendecirte, sino que, por la razón de no haber considerado la importancia de comprender al máximo qué significa un pacto, en este caso un pacto con Dios.

A continuación encontrarás la base bíblica de este capítulo:

Gálatas 3:15 Hermanos, hablo en términos humanos: **un pacto**, aunque sea humano, una vez ratificado nadie lo invalida ni le añade condiciones.

Gálatas 3:17 Lo que digo es esto: La ley, que vino cuatrocientos treinta años más tarde, no invalida **un pacto** ratificado anteriormente por Dios, como para anular la promesa.

Lo jurídico de Dios te advierte: que Él siendo jurídico o legal, nunca invalidará un pacto, votos, alianzas u obligaciones que hayas hecho de acuerdo a tu voluntad; al contrario, lo respetará, lo honrará porque Él es jurídico, es decir que al respetarlo, Dios no intervendrá a favor de romper lo establecido por ti negativamente, hasta que lo invites para que sea El quién lo anule.

Aunque en determinado momento, estando en el mundo no conociste los beneficios de los pactos establecidos con Dios, aun en medio de esa falta de conocimiento, es posible que hayas hecho pactos; sin embargo, hoy al estar en el camino de Dios, de nuestro Señor Jesucristo, has podido comprender que existe un mayor pacto que todos los que pudiste hacer en el pasado; quizá no has podido dimensionar el poder y las promesas de ese pacto y a su vez es posible que en determinado momento sufras los estragos de aquellos pactos del pasado.

Cuando lo ves desde una perspectiva jurídico legal, aun desde la esfera espiritual, debes saber que hay demandas; hubo un pacto porque la persona que hizo el pacto con las tinieblas, obtendría algo que lo beneficiaria, pero en contraparte las tinieblas le demandarían algo a cambio. Posiblemente, el reino de las tinieblas cumplieron con su parte, pero al final de su cumplimiento, también hicieron demandas lo cual dio lugar a que empezaran los estragos en la vida de aquella persona.

Esa misma persona llega a los pies de Cristo, le abre la puerta de su corazón; pero entonces es aquí donde debes comprender que, cuando tiene lugar un cambio de constitución, es necesario enterarse de las nuevas condiciones para estar consciente que el nuevo pacto te llevará a que haya una nueva forma de vida, por lo cual es necesario que sepas qué es lo que conlleva el nuevo pacto. Ahí es donde surgen los problemas con los cristianos, porque de pronto se llega a olvidar que tienes un nuevo pacto el cual es con Dios; porque cuando vives el pacto con Dios, Él promete en Su pacto porque Él cumple Su palabra en la base del pacto que hace contigo, razón por la cual Dios está sobre ti, dentro de ti y a tu alrededor; pero cuando llega la duda en medio de una situación adversa, es porque no estás consciente de lo que conlleva el nuevo pacto que tienes con Dios.

Si Dios te ha prometido que estará contigo hasta el final y de pronto llega la adversidad y dudas; es posible que ese sentimiento de duda te haga tomar decisiones equivocadas porque no estás confiando en el pacto y obviamente porque desconoces las condiciones del pacto con Dios; caso contrario, cuando estás consciente de las condiciones del pacto a tu favor, no importa que Satanás se manifieste para pretender intimidarte, porque seguirás confiado en que Dios está contigo.

Muchos cristianos se apoyan en el versículo de **Colosenses 2:14-15** lo cual es algo muy bueno, pero lo que debes comprender es que Jesús hizo la parte legal, la parte jurídica estando en la cruz del calvario; sin embargo, el proceso para llegar a ese entendimiento, te corresponde a ti. El problema aquí es que se dice que Jesús lo hizo todo en el sacrificio como cordero de Dios y que no se debe hacer más; sin embargo, existen versículos que dejan ver claramente que hay una parte que te corresponde hacerla a ti, por ejemplo:

Santiago 4:7 (LBA) Por tanto, someteos a Dios. Resistid, pues, al diablo y huirá de vosotros.

Si Jesús lo hizo todo en la cruz, entonces, ¿por qué está diciendo que debes resistir?, de manera que concatenado con lo que dice **Colosenses 2:14-15**, se va sumando el hecho de haber ganado la parte jurídica legal para que ahora hagas lo que te corresponde lo cual es el hecho de sumergirte en la visión del pacto de Dios, eso es lo que significa someterte a Dios, con el propósito de tener la fuerza y fe de poder resistir al diablo; diciéndolo de otra forma, es como que dijeras que te has sumergido en la visión del pacto del Señor Jesucristo y eso te dará la fortaleza de parte de Dios para resistir al diablo porque pasaste a ser una persona de pacto; realmente ese es el proceso, pero si no conoces la constitución del pacto, no podrás sumergirte en esa visión si no tienes ni siquiera la idea de lo que representa.

Debes recordar en todo momento que Dios es el mejor estratega en todo, en guerra, en el ámbito jurídico legal, etc., nadie más como Dios; de manera que, cuando obedeces a la palabra de Dios bajo los lineamientos que hay en Su pacto, Satanás no puede vencerte, no obstante que él también conoce el ámbito jurídico legal, puede llegar a pretender engañarte como lo hizo con Adán y Eva en el huerto; Satanás no puede invalidar el ámbito jurídico legal, pero puede hacer que sea invalidado por actos contrarios al pacto de la visión del Señor Jesucristo.

Ahora bien, alguien puede tener una interrogante pensando que, si hizo un pacto de las tinieblas en su vida en el pasado, ¿cuál es la oportunidad que hoy puede tener esa persona?, aquí es donde entra fuertemente esta cita:

Colosenses 2:14-15 (TPT) Habiendo **borrado el contrato legal** escrito de ordenanzas [decretos] que había contra nosotros, que nos era adverso y contrario, y habiéndolo quitado de en medio, clavándolo en la cruz; **15** Y despojándose de principados y potestades, los exhibió públicamente, triunfando sobre ellos en la cruz.

La memoria de sangre preserva los acuerdos espirituales con perfecta precisión, manteniendo su fuerza y efecto hasta que se aborde adecuadamente por medios espirituales; eso pudo tener lugar cuando los antepasados de una persona hicieron compromisos espirituales, pactos, acuerdos, o dedicaciones espirituales. Estos acuerdos se convirtieron en parte del ADN espiritual del linaje, creando obligaciones y beneficios continuos que afectan a los descendientes, independientemente si comprenden esta herencia o no; simplemente se ejecuta el pacto en el ámbito jurídico legal del lado de las tinieblas.

Debes notar entonces que aquello que estaba marcado en la sangre, fue borrado con sangre, esa fue la razón por la cual Jesús derramó Su sangre, pero también debes saber que por esa misma razón es que existe el derramamiento de sangre en el ocultismo, la brujería, la hechicería, etc., porque es a través de la sangre el pacto que se está realizando.

Lamentablemente, existen personas que solicitan ese tipo de servicios, llegando a pedir el hecho de tener mucho dinero, destruirle la empresa a una persona, destruir un matrimonio, etc., solicitan el pacto por medio del sacrificio de sangre, siendo esa la principal razón del hecho que sea por medio de pactos de sangre y porque en la sangre hay memoria respecto a los acuerdos que se hayan realizado, pactos que se establecieron.

Es por eso que, cuando una persona se somete al protocolo de un brujo o hechicero, la persona paga lo que le es solicitado y el brujo sacrifica determinado animal y con base en esa sangre que es derramada, se establece el pacto y hacen que la persona pronuncie las palabras por la cuales quedará atada a su cumplimiento.

El problema aquí es que, la sangre, sea de humano o animal, tiene vibraciones las cuales el mundo espiritual toma porque en esas vibraciones lleva las palabras con las que hizo el pacto; pero el mayor problema es la falta de conocimiento y es por eso que hay personas que buscan hacer ese tipo de ritos. No obstante, el mayor problema es cuando llega el momento en que aquella persona, también derrama gotas de su propia sangre para mezclarla con la sangre del animal que ha sido sacrificado; esto es lo que viene a conformar la firma del pacto de la persona que solicitó ese rito esperando un beneficio, es entonces cuando el mundo espiritual del reino de las tinieblas se enfoca en el cumplimiento del acto jurídico legal que se firmó.

Por supuesto que el problema no se queda ahí, sino que, cuando aquella persona engendra un hijo, en su ADN que fue contaminado con el contacto que hizo de su sangre con la sangre del animal que fue sacrificado, hubo una especie de adopción espiritual, ingresaron espíritus en la puerta de iniquidad que abrió; eso mismo es lo que lleva en su ADN en calidad de virus, el cual lo que llega es información que va hasta la molécula del ADN cambiándole de esa manera su información; de manera que, cuando esa persona engendra a otra persona, el que está siendo engendrado, llevará en su sangre el testimonio de lo que hizo su ancestro respecto al rito satánico; pero debes notar que obviamente esa nueva persona, no estuvo en aquel rito satánico; sin embargo, le fue heredado en algo que en su creación no pudo rechazar.

Aquí es donde entra en vigencia lo que viste respecto a **Colosenses 2:14-15**, porque solamente la sangre de Jesús derramada en la cruz del calvario es la que puede borrar aquella situación contraria en la vida de esa persona, por supuesto que para eso también es necesario que haya un reconocimiento respecto al encuentro personal con Jesús y que la persona tenga el entendimiento de la visión del nuevo pacto en la sangre de Jesús.

De aquí entonces por qué es que a veces no comprendes la razón de lo que te está sucediendo constantemente y quizá aquí deba mencionar el siguiente versículo:

Hebreos 12:4 (LBA) Porque todavía, en vuestra lucha contra el pecado, no habéis resistido hasta el punto de derramar sangre…

Esto mismo me deja ver que hay algo muy profundo en la sangre y que regularmente la mayoría de personas lo toman muy superficialmente sin considerar el impacto que puede tener en su vida porque quizá por error o falta de conocimiento alguien pudo haber hecho un pacto con las tinieblas, pero ante esa ventaja que puede haber del reino de las tinieblas sobre esa persona, el adversario no desaprovechará la oportunidad para buscar destruir a esa persona y su descendencia.

A continuación empezaré a describir algunos tópicos que es de suma importancia que conozcas porque es parte de lo que verás en el desarrollo de todo el libro, considerando por supuesto que, si son de parte de Dios para tu vida, serán de beneficio con consecuencias divinas, pero si es del lado de las tinieblas, entonces habrá consecuencias negativas.

Pactos

Esa palabra es un término que viene del hebreo **Berit** el cual significa alianza, convenio o acuerdo entre dos o más individuos.

Viéndolo como convenio entre dos o más personas, es algo que produce a las personas involucradas que estén en mutuo acuerdo, casi en todo. Las personas involucradas se sumergen en el mundo de las otras personas que participan en el pacto, por supuesto que esto es tanto cuando el pacto es con Dios como cuando es del lado de las tinieblas.

Cuando realizas un pacto con Dios, Él se sumerge en tu mundo y tú en Su mundo. Cuando la persona lo hace con el reino de las tinieblas, sucede lo mismo, el reino de las tinieblas se sumerge en tu mundo y la persona se sumerge en el mundo de las tinieblas; por supuesto que eso no se lo advierten a la persona que hace el pacto con las tinieblas, el problema surge cuando llegan a cobrar los derechos que se pactaron porque el reino de las tinieblas otorgó lo que le pidieron, para después llegar con derechos legales a realizar el respectivo cobro.

Por supuesto que todo esto está enfocado a llegar a ver la forma en cómo puedes romper los pactos que tus ancestros pudieron haber hecho de forma errónea con las tinieblas, ya sea por engaño, por falta de conocimiento, etc., pero sin importar la razón por la que se haya hecho, las tinieblas llegan a cobrar porque hay un pacto con derechos jurídico legales que se ejecutarán aunque no sea la persona a la que se le está cobrando, sino que sea por herencia ancestral; pero estando en Cristo tienes la oportunidad de romper aquel pacto en el nombre de Jesús sin importar cómo esté afectando tu vida, ya sea en la salud, en la paz, en prosperidad, etc., todo aquello que ya deberías tener en Dios, puede llegar al romperse los pactos contrarios.

Por eso debo insistir en que debes comprender el pacto que tienes con el Señor Jesucristo, sumergiéndote en la visión del pacto que Jesús hizo en la cruz del calvario. Dios prometió bendecirte y de hecho ya lo ha hecho, pero si no conoces la profundidad de aquel pacto que hizo Jesús, no podrás resistir al diablo para que él huya.

Aquí debo mencionar también que la primera vez que aparece la palabra pacto en la Biblia es en **Génesis 6:18** de donde puedo decir que surge la ley de la primera mención en la Biblia; sin embargo, cuando ves en **Génesis 9:8-10** es donde Dios amplía el primer pacto que Él hace, obsérvalo a continuación:

Génesis 9:8-10 Entonces habló Dios a Noé y a sus hijos que estaban con él, diciendo: [9] He aquí, **yo establezco mi pacto con vosotros, y con vuestra descendencia** después de vosotros, [10] **y con todo ser viviente** que está con vosotros: aves, ganados y todos los animales de la tierra que están con vosotros; todos los que han salido del arca, todos los animales de la tierra.

Puedes notar que se involucran 4 partes del pacto: Dios, Noé, la descendencia de Noé, todas las criaturas; también puedes notar que el pacto alcanzaría la descendencia aunque Noé ya no estuviera.

Eso significa que un pacto que haya realizado alguno de los ancestros de alguien, tiene poder trascendental. Por eso es importante autoexaminar tu vida con indicadores reales, porque si alguno de tus ancestros hizo un pacto negativo, puede estar abarcando en tu vida cotidiana en lo personal y aun en tus bienes materiales. Es posible que cuando algún ancestro hizo un pacto negativo; empezaron dándole lo que quiso en ese momento, pero después llegó la pobreza, muerte, problemas familiares, etc., es posible que hasta el día de hoy aún la sangre del ancestro que pactó con las tinieblas, esté testificando en contra de tu persona aunque no hayas tenido absolutamente nada que ver con eso; el problema es que son situaciones de tipo jurídico legal y eso deja margen para que el pacto llegue hasta tu vida.

Por eso es que, cuando Dios te permite que te acerques a Su mesa para participar de la Santa Cena, debes hacerlo con temor reverente, consciente de la profundidad de ese pacto porque si tienes esa consciencia, alcanzas la ventaja de romper los pactos negativos que pesan sobre ti, cuando logras asimilar el significado que tu sangre se mezcla con la sangre de Jesús. Es por eso que una persona con pacto, no le tiene miedo a nadie.

Es muy interesante que, cuando ves en la Biblia la historia del pueblo de Israel estando esclavizado en Egipto, llegó el momento en que la marca de la sangre en los dinteles de la puerta los libró del ángel destructor y también los hizo libres, pero ¿cuál era la condicionante?, que comieran el cordero, todo fue un proceso que obró para bien a los hijos de Israel y fue de muerte para sus enemigos. Por eso es que, hoy puedes estar bajo amenaza, manipulación de hombre o de organizaciones, pero si vives una vida de pacto con Dios, Él no te abandonará; el hombre te puede fallar, pero Dios permanece fiel si te apegas a lo profundo de Su pacto.

Debes estar convencido de que, el adversario no puede llegar a zarandearte las veces que a él se le ocurran porque estás bajo un pacto con Dios; también es necesario que vayas delante del Espíritu Santo y le digas que desconoces las actitudes de tus ancestros, pero si alguno de ellos hizo un pacto negativo con las tinieblas haciendo un ofrecimiento de la vida de sus descendientes dentro de los cuales estás tú; en el nombre de Jesús y con la autoridad que Dios te ha delegado y guiado por el Espíritu Santo, rompes con ese pacto en tu vida y tu descendencia y que declaras en el mundo espiritual que estás en el pacto divino por medio de la sangre de Jesús.

Cuando llega un ataque a tu vida, no es para que te quedes de brazos cruzados, sino que, es para que pienses cuál puede ser la razón por la cual estás padeciendo ese tipo de cosas, examinar tu vida, pedirle al Espíritu Santo que te lleve a ver la razón de aquella situación y con la autoridad que tienes, entonces poder romper con todo pacto negativo por ti y tus descendientes que están contigo hoy y los que puedan venir después, estén libres de todo ataque de las tinieblas a consecuencia de pactos heredados y que en su lugar puedas tener los beneficios del pacto con el Señor Jesucristo.

Un punto muy importante que no puedo dejar pasar por alto es el hecho de ser agradecidos con Dios en todo momento y sin importar lo poco que parezca a tus ojos naturales por lo que estés recibiendo, debes agradecerle a Dios y bendecirlo en el nombre de Jesús. Si es dinero lo que alguien te envía, agradécele a Dios y bendice lo que Él te envía; cuidándote en todo momento de no hacer cosas negativas cuando estés atravesando batallas, porque a veces ese es uno de los grandes problemas por los que muchos atraviesan; en medio de escasez económica alguien podría pensar en hacer pactos con las tinieblas con tal de salir del problema que está viviendo; pero realmente lo que debes hacer primero es detenerte y hacer un inventario de tu vida, pedirle al Espíritu Santo que por favor te muestre qué es lo que estás haciendo mal para poderlo corregir, que te pueda dar el discernimiento necesario y entonces trabajar en pos de aquello que las tinieblas han usado para estarte dañando, sumergirte en el conocimiento del pacto que ahora tienes con Dios y que de esa forma haya una anulación de todo aquello que te está estorbando, sin hallarle despropósitos a lo que vives.

Votos

Esta palabra es un término que viene del hebreo **nadár** y también en griego es una palabra que se pronuncia **Euque**.

Un voto es una promesa hecha verbalmente a otra persona, a Dios ofreciéndole hacer o dar algo o abstenerse de algo en señal de fidelidad a Él.

Sin embargo, un voto puede convertirse en un lazo que impida el desarrollo de un hijo de Dios, principalmente si no lo hace de acuerdo con lo que Dios ha establecido. Los votos que atan el espíritu, son un vínculo que ata el espíritu de una persona por medio de una obligación adquirida.

Eclesiastés 5:4-6 Cuando haces **un voto a Dios**, no tardes en cumplirlo, porque Él no se deleita en los necios. El voto que haces, cúmplelo. [5] Es mejor que no hagas votos, a que hagas votos y no los cumplas. [6] No permitas que tu boca te haga pecar, y no digas delante del mensajero de Dios que fue un error. ¿Por qué ha de enojarse Dios a causa de tu voz y destruir la obra de tus manos?

Recuerda que Dios es el mejor estratega en todo, incluyendo lo jurídico legal, por lo tanto, respetará votos hasta que pidas que Él intervenga y renuncies a lo que acordaste en tu vida pasada. Todo lo que se dice sin responsabilidad aquí en la Tierra, aunque no lo entiendas en la esfera espiritual, es decir en el cielo, aun así eres requerido para ser demandado por lo que dijiste.

Por eso debes tener mucho cuidado con lo que dices, quizá un día estés en el momento para hacer un voto; es mejor que pienses bien lo que vas a decir porque en el cielo te lo tomarán en cuenta aunque lo olvides con el pasar de los años y que cuando tengas las consecuencias de aquello que dijiste, no lo comprendas, pero no por eso dejará de cumplirse. Recuerda también lo que dice **Proverbios 18:21** porque muerte y vida están en poder de la lengua; eso significa que no debes hablar a la ligera.

Otros versículos que puedes ver respecto a los votos:

Números 30:2 "'Cuando algún hombre haga a Jehovah un voto o un juramento asumiendo obligación, no violará su palabra; hará conforme a todo lo que ha salido de su boca.

Deuteronomio 23:21-23 "Cuando hagas un voto a Jehovah tu Dios, no tardes en cumplirlo; porque ciertamente Jehovah tu Dios te lo demandará, y sería en ti pecado. [22] Pero si te abstienes de hacer un voto, no sería en ti pecado. [23] Cumplirás lo que tus labios pronuncien; harás de acuerdo con el voto que hayas hecho a Jehovah tu Dios, la ofrenda voluntaria que hayas prometido con tu boca.

El problema con todo esto es que, si alguien hace un voto a la ligera sin pensar que puede estarse dañando en determinado momento; podría llegar el tiempo en que lo olvide y su vida se convierta en un círculo monótono sin poder avanzar por razón del voto que hizo.

Alianza

Esta palabra también está dentro del mismo término hebreo que se pronuncia **Berit** y significa alianza.

La palabra alianza significa que hay una ley de la asociación, dice que eres igual con quién has gastado tu tiempo y viceversa, sin embargo, la persona que tiene mayor influencia sobre el otro, hará que la otra persona se sumerja en el mundo del que tiene mayor influencia. Lo más probable es que este nombre se derive de la raíz acádica que significa encadenar y poner grillos.

Puedo decir entonces que, si te asocias con gente injusta, la injusticia comenzará a manifestarse en tu vida. ¿Por qué es tan importante entender acerca de las alianzas?, porque el principio de las alianzas opera así:

.- Cuando Dios te va a bendecir lo hace por medio o a través de una persona.

.- Cuando Dios quiere protegerte, te aparta de una persona o aparta a la persona de ti, eso significa que no todas las separaciones son producto de algo negativo, sino que, Dios tiene planes para tu vida, pero parte de ese plan es que estés lejos de aquella persona.

.- Todo lo ha diseñado Dios para que opere en conexiones y por ello debemos saber cuál es la correcta.

Proverbios 13:20 El que anda con los sabios se hará sabio, pero el que se junta con los necios sufrirá daño.

Hasta aquí puedo decir que te he mostrado la base bíblica acerca de lo que es pacto, voto y alianza, este es el capítulo inicial que te servirá en el desarrollo de todo lo que continuarás viendo en el desarrollo de este libro.

La Esfera De Los Pactos

(El pacto con la muerte – pacto de sangres)

Capítulo 2

Como recordarás, los pactos son parte del sistema jurídico que Dios diseñó y que tiene diferentes niveles de conexiones que involucra también los pactos, los votos y las alianzas. El hombre en casi todos sus ambientes fue diseñado para funcionar, operar y actuar en conexiones, incluyendo pactos, votos, alianzas y acuerdos. Tu interés debe estar en aprender primeramente de los pactos, pero ligeramente estaré haciendo una introducción acerca de todas las formas de conexiones.

A continuación te presentaré los versículos que serán la base para el desarrollo de este capítulo:

Gálatas 3:15 Hermanos, hablo en términos humanos: **un pacto**, aunque sea humano, una vez ratificado nadie lo invalida ni le añade condiciones.

Gálatas 3:17 Lo que digo es esto: La ley, que vino cuatrocientos treinta años más tarde, no invalida **un pacto** ratificado anteriormente por Dios, como para anular la promesa.

Lo jurídico de Dios te advierte que, Él siendo jurídico o legal, nunca invalidará un pacto, un voto, una alianza u obligaciones que hayas hecho de acuerdo a tu voluntad; al contrario, lo respetará, lo honrará porque Dios es jurídico, es decir que al respetarlo, no intervendrá a favor de romper lo establecido por ti negativamente, sino hasta que invites a Dios para que lo anule.

Recuerda que en tu lengua tienes el poder de la vida y de la muerte, aunque en algún momento todo sea producto de un engaño de parte de Satanás; una vez hayas dicho algo con lo que se inicie el proceso producto de un pacto, no dará marcha atrás hasta que le pidas ayuda a Dios para que sea Él quien lo rompa.

Cuando lees con detenimiento lo que dice el versículo anterior de **Gálatas 3:15**, puedes notar claramente que está haciendo referencia a términos humanos y las condiciones que puede traer, las cuales no pueden ser invalidadas a pesar de ser términos humanos, como diciendo, en la dimensión donde todo lo puedes ver, donde las cosas son muy prácticas; ahora piensa por un momento ¿cómo será en el ámbito espiritual?, por supuesto sin perder de vista el hecho que estás bajo una condicionante jurídica y considerando que ese elemento esencial como lo es hablando bajo términos jurídicos, lo ha establecido Dios porque es algo que Él ha determinado para tener contigo que has sido redimido, un verdadero compromiso donde Dios te dice que estará contigo, pero debes caminar con Él.

Solamente para que veas el cumplimiento de esto último que te enseño, puedes ver en Gálatas 3:17 donde dice claramente que, la ley que había llegado

430 años más tarde de las promesas de Dios, no había anulado el pacto hecho con Su pueblo. Dicho en otras palabras, las promesas de Dios estarán vigentes hasta que se cumplan, lo único que puede suceder es que en determinado momento se pausen a consecuencia de la desobediencia de Su pueblo. Lamentablemente en ese tiempo de pausas, es cuando el pueblo de Dios empieza a establecer pactos que no debería hacer con nadie más porque ninguna promesa será más grande que lo que Dios ya prometió que hará contigo, lo único que debes hacer es esperar en Él, esforzarte por seguirlo buscando, pedirle al Espíritu Santo que te muestre las cosas que debes corregir en tu vida para no apartarte de Dios y entonces verás el cumplimiento de Sus promesas.

La Esfera De Los Pactos

.- Dentro del pueblo cristiano, hablar de pacto es un tema familiar porque es un lenguaje bíblico y es muy mencionado casi en toda la Biblia, aparece en 297 versículos y se menciona 319 veces.

.- Sin embargo, para muchos creyentes, la palabra pacto aún es desconocida como una forma de vida, es decir, no lo viven, no lo entienden, no lo aprovechan porque no lo cumplen.

.- El concepto de pacto es prominente en Dios porque es el fundamento de todas las promesas que Él hace al hombre porque donde hay pacto de parte Suya, Dios está sobre el pacto, dentro del pacto y alrededor del pacto, convirtiéndolo en un acto tridimensional.

.- La práctica de los pactos vino a ser en los antiguos hombres, una manera de gobernar sus vidas, día tras día; los antiguos hombres vivían en un pacto, sabían lo que en un pacto podían alcanzar, conocían también acerca de los derechos y obligaciones que lleva implícito todo pacto. El pacto les decía lo que les pertenecía si ellos tenían fe en ello.

.- Todo esto es lo que ha cambiado hoy día de manera que, en la Iglesia de Cristo se desconoce mucho acerca de esto y la gente cree, al hablar de pacto, que se refiere únicamente de algo histórico, cultural o lo entienden desde el punto de vista únicamente para diferenciar las historias del Antiguo y Nuevo Testamento, pasando por alto los principios, las promesas, las responsabilidades y lo espiritual de todo ello.

Si la gente no logra entender lo poderoso de un pacto, nunca logrará comprender cuándo entra en vigor y hasta dónde repercute.

A continuación te presentaré un versículo que, aparentemente es contradictorio; sin embargo, cuando lo analizas, puedes notar que es una forma de introducir el hecho que, a pesar de ser humano el pacto, una vez esté ratificado, no se invalida y tendrá el respaldo de parte de Dios. Ahora bien, la gente que escuchó el mensaje de Jesús respecto al pacto, lo legalizó tanto que, llegaron a cometer abusos en la ley, respecto al pacto; eso mismo hizo que Jesús hiciera una especie de recopilación de todos los pactos que Dios hizo con los hombres en diferentes tiempos, esto hablando de la historia bíblica; y los une en Jesús, de manera que en Él están los 9 componentes de 9 grandes pactos de la historia del pueblo de Israel con Dios, hasta llegar a lo que conoces como el Nuevo Pacto:

Hebreos 8:13 Cuando Él dijo: Un nuevo pacto hizo **anticuado** al primero; y lo que se hace anticuado y **envejece**, está próximo a **desaparecer**.

Ahora observa el significado de las palabras que he dejado resaltado:

Antiguo: palaioo (G3822), anular; quedar anticuado; dejar de estar en vigor; volverse obsoleto, pasado de moda. Traducido como "antiguo" y "envejecer" (**Hebreos 8:13**) y "envejecerá" (**Lucas 12:33; Hebreos 1:11**).

Envejece: gerasko (G1095), envejecer; volverse viejo y débil (**Juan 21:18**).

Desaparece: aphanismos (G854), eliminación; desaparición. Se usa solamente aquí, pero los griegos lo empleaban para referirse a leyes que quedaban obsoletas y eran abolidas.

Con esto es con lo que entran en debate el grupo llamado, los mesiánicos porque parecería que la Iglesia de Cristo está en contra del Antiguo Pacto, pero realmente no es así, sino que, Jesús lo que hizo fue recopilar los pactos que Dios Padre había hecho con hombres de la antigüedad, por ejemplo, el pacto con Noé, Abraham, etc., todo eso Jesús los reunió y dice que todo el que entre en Su pacto tiene el cumplimiento de todos los pactos, porque Él los cumplió.

Por eso es que, si en algún momento hiciste pactos negativos, quizá lo hiciste para llevar a cabo un negocio exitoso, para tener autoridad, poder, influencia, etc., pero por razones de las condiciones del pacto con las tinieblas, ahora podría estarte causando estragos porque llegó el tiempo del cumplimiento, de lo que te es requerido; es entonces cuando entra en vigencia este versículo:

Colosenses 2:14-15 (TPT) Habiendo **borrado el contrato legal** escrito de ordenanzas [decretos] que había contra nosotros, que nos era adverso y contrario, y habiéndolo quitado de en medio, clavándolo en la cruz; 15 Y despojándose de principados y potestades, los exhibió públicamente, triunfando sobre ellos en la cruz.

Debes saber que, sin importar el pacto que hayas hecho, sea con conocimiento de lo que te podía causar o sin saberlo; Dios es el único que puede borrarlos, anularlos como lo pudiste ver en **Hebreos 8:13** porque el pacto pasará a ser anticuado, envejeció y consecuentemente, debe desaparecer. Por supuesto que todo esto es para que puedas tener una luz en el camino, no es con el propósito de señalar o acusar a ninguno, sino que, posiblemente alguien hizo un pacto con las tinieblas y hoy que está en Cristo, está del lado al que verdaderamente pertenece, es necesario que comprenda la profundidad de lo que el pacto significa y caminar en pos de ese conocimiento, sumergirse en él, sabiendo que, Dios estará de su lado, pero esa persona debe seguir al Señor Jesucristo.

Otro punto de suma importancia que debo mencionar, es el hecho que debes aprender a borrar los pecados, lo cual es en la base de saber que hay pactos que pudiste haber hecho y que no has hecho nada por anularlos, aunque puedas estar hoy en Cristo, pero por la falta de entendimiento, te deja en desventaja en esa situación, ¿por qué?, por la siguiente razón:

La memoria de sangre preserva los acuerdos espirituales con perfecta precisión, manteniendo su fuerza y efecto hasta que se aborde adecuadamente por medios espirituales para anular los efectos negativos, porque fue lo mismo en el momento cuando los antepasados hicieron compromisos espirituales como pactos, acuerdos o dedicaciones espirituales, razón por la cual son situaciones que no se pueden contrarrestar con pensamientos o habilidades humanistas. Estos acuerdos se convirtieron en parte del ADN espiritual del linaje, creando obligaciones y beneficios continuos que afectan a los descendientes, independientemente si comprenden esta herencia o no.

También puedo decir que, la sangre testifica, vibra, tiene voz, tiene olor y si existe olor, es porque hay moléculas; pero sobre todo Dios percibe todo eso y sabe el grito que tiene la sangre o el testimonio.

De aquí entonces que, no se trata solamente de lo que tú hayas hecho, sino que, debes pensar qué pactos o acuerdos hicieron tus ancestros y que la sangre que ellos pactaron afectó su ADN la cual te heredaron, razón por la cual aún puede estar clamando, pero también debes saber que una de las ministraciones más gloriosas de parte de Dios, es el pan y el vino porque es el momento cuando puedes declarar que la sangre de Jesús es sobre tu vida, declaras también que renuncias plenamente sobre tus ancestros y que te unes a la herencia del Señor

Jesucristo y es así como los derechos legales que en algún momento cediste o tus ancestros cedieron, se van debilitando.

La Esfera De Los Pactos

Uno de los propósitos de enseñar acerca del verdadero pacto, es para entender el poder que tiene y aplicarlo contra aquellos pactos negativos que se hicieron en el pasado. Esto te ayudará a saber cómo anular, borrar y romper las ataduras que se mantengan a raíz de esos pactos negativos.

Debes saber que existen 2 grandes pactos de suma importancia en la vida, tanto para el hombre como para la mujer.:

1.- El pacto con Dios.

Lamentablemente, hay casos en los cuales la gente rechaza los pactos con Dios, lo cual los hace que pierdan la oportunidad más grande de sus vidas.

2.- El pacto matrimonial.

Este pacto lo hace la mayoría de personas porque creen que su humanidad les obliga a saciar una necesidad fisiológica; de manera que, aunque no lo entiendan como pacto, lo hacen sin conocimiento. Este pacto tiene la misma esencia del primero, tiene la misma exigencia, por lo tanto es como la fotografía del pacto con Dios con diferente magnitud.

Dios utiliza los pactos de relación, para restaurar y sanar heridas en tu vida, para restaurar tus sueños, para colocarte en el poder de un arma invisible. Por esa razón los antiguos le hacían recordar el pacto a Dios: Acuérdate de Abraham, de Isaac y de Israel, siervos tuyos, a quienes juraste por ti mismo, y les dijiste:

Éxodo 32:13 "Yo multiplicaré vuestra descendencia como las estrellas del cielo, y toda esta tierra de la cual he hablado, daré a vuestros descendientes, y ellos la heredarán para siempre."

El misterio de un pacto en el matrimonio

La entrada al mundo es para tener un pacto, es por eso que todo ser humano (hombre y mujer) cuando entra a la Tierra vienen sellados, como decir, viene con llave, vienen virgen al mundo; para quitar ese sello, debe ser en el matrimonio porque es un pacto; por supuesto que esto es para ambos, tanto para el hombre como para la mujer.

Lamentablemente por cuestiones de cultura, la ideología machista pretende que el hombre tenga la libertad de entregar su virginidad antes del matrimonio y sin importar con quién pueda ser; por supuesto que todo eso es parte de la operación de error de las tinieblas, llevar esa forma de pensar al hombre para que, desde los inicios del matrimonio, haya cierta desventaja en relación al pacto en el matrimonio.

Los órganos genitales para el pacto

La ciencia médica, al estudiar los órganos sexuales del hombre y la mujer, han llegado a una conclusión muy interesante que tiene su respuesta en Dios y en Sus escrituras.

La mujer

Toda mujer al nacer viene con un filamento en su parte genital la cual certifica su virginidad.

.- Los doctores e investigadores han tratado por mucho tiempo de descubrir qué otra función tiene la membrana de la mujer que viene sellada, por ser un extraño componente.

.- De manera que han llegado a la conclusión que es un órgano, que es una parte de valor de la vida humana, es algo así como el aire para respirar.

.- De manera que a la mujer Dios la envía a la Tierra, sellada con una membrana de sangre, nota la palabra sangre porque explicaré algo muy importante más adelante.

.- ¿Cuál es el propósito que la mujer nazca virgen?, porque en el pacto del matrimonio debe haber sangre como una certificación.

El hombre

Todo hombre de igual manera viene también virgen a la Tierra, pero además con el equipamiento de que su parte genital es como un instrumento, como una llave que puede abrir lo que viene sellado o cerrado en la mujer.

.- Los investigadores dicen acerca del órgano masculino, que es también un órgano que suple sangre, que debajo de la piel lo único que se encuentra son miles de vasos sanguíneos.

.- Eso determina que, tanto el órgano sexual del hombre como el de la mujer, son órganos sanguíneos.

Dos cosas del sello de virginidad en el hombre y mujer

.- La virginidad en el ser humano deja de ser, al momento que es revelada la sangre.

.- Cuando un hombre tiene contacto sexual por primera vez con una mujer virgen, lo primero que los involucra a ambos es la sangre.

.- Es imposible según Dios, que se lleve a cabo una consumación matrimonial sin sangre.

.- Por eso mismo el pacto de sangre es un cortar, no hay otro pacto más fuerte que el pacto de sangre, eso significa que la única manera de romper ese pacto es solamente con la muerte.

La sangre

.- ¿Qué es lo importante de la sangre en el pacto?

Levítico 17:11 "Porque **la vida de la carne está en la sangre**, y yo os la he dado sobre el altar para hacer expiación por vuestras almas; porque es la sangre, por razón de la vida, la que hace expiación."

Porque la vida está en la sangre: toda enfermedad que mata al ser humano, comienza por destruirle primero en su sangre. (Tuberculosis, Sida, Diabetes), ¿por qué?, porque la sangre lleva la vida.

Con esto puedo decir entonces que, el pacto matrimonial es el que más se asemeja al pacto con Dios.

La relación sexual es una unión de sangre porque la sangre establece un pacto.

Adán y Eva eran vírgenes

Es por eso que, tanto el hombre y la mujer deben ir vírgenes al matrimonio, porque Dios hizo a las primeras criaturas vírgenes y así a todos los humanos.

Génesis 4:1 Y **el hombre conoció a Eva, su mujer**, y ella concibió y dio a luz a Caín, y dijo: He adquirido varón con la ayuda del SEÑOR.

Muchas personas hoy en día tienen grandes problemas en sus matrimonios por causa de previas relaciones sexuales que hicieron fuera del matrimonio, porque simbólicamente están pactados con sangre en previas relaciones. Por eso la renovación de votos matrimoniales, la bendición ministerial a una pareja, sirve para anular las previas experiencias que se hicieron en ignorancia de estos principios. Por supuesto que, cuando alguien ha sido víctima de una violación, eso es totalmente diferente; sin embargo, Dios es el único que puede solucionar la vida de toda persona que haya sido víctima de ataques de parte de las tinieblas.

Por eso es necesario que haya una ministración al alma cuando alguien considera que ha sido contaminado, ya sea por una violación o que de pronto fue engañado en su juventud y se convirtió en esclavo de sexo ilícito; es importante la ministración porque de otra forma llegará al matrimonio y conforme pase en tiempo empezará a tener serios problemas con su cónyuge porque uno estará acostumbrado al desenfreno sexual y el otro no, habrá cierta incompatibilidad sexual.

El término: Adán conoció a su mujer...

.- Debes saber que no está refiriéndose precisamente a una relación sexual por cuanto en la Biblia no existe la palabra relación sexual o sexo.

.- En la Biblia aparece la palabra **conoció**, la cual significa, un conocimiento que antes él no experimentó.

.- En esto Adán y Eva no tenían previa información.

.- La palabra **conocer** es usada en la Biblia también como intelectualmente, para dar a entender como si fuera a encontrarse por primera vez.

.- Pero aquí es usada como una experiencia que por primera vez se dio en intimidad y los llevó a tener hijos por medio de la relación sexual.

Las teorías de la reproducción

.- Mitosis:

No existía la reproducción sexual, eso fue más adelante, sin embargo, la instrucción de parte de Dios era que se debían reproducir; es aquí donde entra la reproducción de células. Tipo de división celular que origina dos núcleos con el mismo número de cromosomas y la misma información genética.

.- Frotación:

Como algunos animales hoy lo hacen.

.- Conocer:

Implica llegar a experimentar por primera vez, llegar nuevo y aprender a partir de ahí, o sea, el contacto íntimo, lo que Adán y Eva experimentaron estando fuera del huerto.

La virginidad en el plano original es para el hombre y la mujer, y ambos deben de ir a conocer en el matrimonio las cosas de la intimidad.

La virginidad de Adán, desde este ángulo, fue virgen hasta el día que conoció a Eva fuera del huerto.

Cabe mencionar en este punto que, tanto el hombre como la mujer, son seres sanguíneos, de manera que, cuando un cónyuge, independientemente de quién de los dos sea el que caiga en adulterio, esté teniendo relaciones sexuales fuera del matrimonio, estará haciendo pacto de sangre con la otra persona, dañando así el pacto que tiene con su cónyuge, hasta que llega al arrepentimiento, se aparta y alcanza la misericordia de Dios para restaurar su matrimonio pero también es necesario que haya una renovación de votos.

Por supuesto que, el cónyuge que fue víctima del engaño, tiene el derecho de desechar el pacto que había hecho en el matrimonio, porque su cónyuge lo rompió; a menos que, haya un verdadero perdón para continuar adelante, pero que verdaderamente pueda sobrellevar ese perdón y no que se convierta en motivo de reproche cada vez que tienen discusiones, porque en tal caso, no hubo perdón y estarán viviendo con un pacto roto aunado a las heridas que puedan llevar en el alma.

Lo mejor es que haya una ministración al alma, tanto en forma personal, como matrimonial, pero con el propósito de buscar una restauración de aquella relación que está fracturada.

Pueden existir muchos casos y diferentes y cada uno tiene formas de ser restaurada aquella vida, de manera que, es mejor exponer el caso con el ministro que los pastorea para que esa persona sea guiada por el Espíritu Santo, porque no puedo dar la solución general y dejarla plasmada en este libro; cada caso debe tratarse de forma personal.

Un punto que no puedo dejar de mencionar, aunque lo he dicho en otros libros, es el hecho de exponer qué es lo que sucede espiritualmente cuando se está consumando la relación sexual; existe un vaciamiento del hombre hacia la mujer y de la mujer hacia el hombre; ¿con qué se llenan mutuamente?, con todas las experiencias vividas en el pasado, por eso dice la Biblia que la ramera caza la preciosa alma del joven, refiriéndose a la pureza de la persona, porque en ese momento, todos los hombres con lo que ella había experimentado sexo, la habían contaminado espiritualmente hablando y esa contaminación es la que le era trasladada a la pureza de aquel joven. Por supuesto que, cada quien tiene su respectiva interpretación, el joven o señorita contamina su alma con la mujer o el hombre que se ha estado prostituyendo.

Pero quizá el mayor problema es que, existe un dominio entre el hombre y la mujer, dependiendo de quién tenga precisamente más dominio; ambos son contaminados, pero el que tiene mayor dominio ejerce su influencia sobre el que ha tenido menos dominio; entiéndase con esto, toda clase de contaminación la cual a su vez, contaminaba a su cónyuge en el matrimonio; de manera que vienen a convertirse en una especie de vehículo de espíritus que lleva a la persona con la que experimenta relaciones sexuales la siguiente vez.

No puedo dejar de mencionar el problema de los espíritus íncubo (en las mujeres) y súcubo (en los hombres) porque lo que busca es que la persona experimente el orgasmo para trastocar todo ese proceso y que termine la persona con problemas de infertilidad porque para ese momento todo el sistema reproductor de la persona queda codificado para que esté funcionando solamente con uno de esos espíritus, dependiendo del caso. Por su puesto que eso también tiene solución en una liberación que sea debidamente dirigida por el Espíritu Santo a través de un siervo de liberación.

El Pacto Que Testifica
(a favor o en contra)

Cuando un pacto testifica en contra de un creyente:

1.- Borrar lo que testifica en contra; eso significa renunciar y anular pero lo debes hacer lo en Cristo.

Los pactos de sangre crean los vínculos espirituales más fuertes, estableciendo registros espirituales permanentes que requieren la autoridad espiritual adecuada para su anulación.

La investigación del Dr. Charles Kraft en el Seminario Teológico Fuller, confirma lo que la Biblia ha revelado desde hace mucho tiempo; que más del 80% de las bendiciones y las dificultades generacionales, se remontan a acuerdos específicos y pactos realizados por los ancestros. Estos acuerdos, ya sean justos o corruptos, se convierten en contratos espirituales que, tanto el cielo como el infierno, reconocen y hacen cumplir.

El Sistema Legal Espiritual

.- Todo acuerdo de altar opera dentro de lo que la Biblia revela como un marco legal divino.

.- Los reinos son gobernados por constituciones, decretos y sistemas judiciales, la Tierra refleja esta realidad, ya que la ley en el ámbito natural, no es más que un reflejo de la ley en el ámbito espiritual.

.- Los acuerdos espirituales a menudo tienen componentes territoriales, afectando áreas geográficas específicas donde se hicieron los acuerdos o donde la familia ejerce influencia. Por esta misma razón es que existen lugares en la Tierra donde hay tanta pobreza, por más ayuda humanitaria que reciban, no logran levantarse porque la gente pactó entre ellos afectando su simiente, sino que aún entregaron los territorios. Por eso, un pacto que se vive con honra, con reverencia matrimonial; la familia recibe la bendición en su casa.

Borrar lo que testifica en contra

Renunciar y anular, pero lo debes hacer en Cristo.

.- La intimidad sexual no es algo casual, sino que implica un pacto.

.- Cada acto sexual es una transacción sagrada.

.- Unir dos vidas espiritualmente es crear canales de influencia.

.- Cuando la perversión, el adulterio, el incesto o el abuso se convierten en parte de un linaje, el altar de la sexualidad se convierte en un arma utilizada por el infierno.

.- La intimidad sexual no es algo casual, sino que implica un pacto.

La renuncia es el aviso legal del cielo, que estás rompiendo el acuerdo y haciendo cumplir el veredicto de Cristo. Eso significa que debe haber una renuncia, no solamente es de llorar pidiendo perdón, lo cual debe hacerse en algún momento, pero también debes renunciar.

Colosenses 2:14-15 (TPT) Habiendo **borrado el contrato legal** escrito de ordenanzas [decretos] que había contra nosotros, que nos era adverso y contrario, y habiéndolo quitado de en medio, clavándolo en la cruz; **15** Y despojándose de principados y potestades, los exhibió públicamente, triunfando sobre ellos en la cruz.

Algunos dicen que Jesús ya lo hizo todo en la cruz del calvario, ciertamente lo que hizo fue pagar el derecho, pero el proceso te corresponde a ti porque de otra manera estará afectando tu vida y la de tu descendencia.

¿Qué significa borrar?

Griego: exaleipho (G1813)

La alusión aquí es a borrar la tinta de un pergamino con un líquido como el ácido muriático o borrar las tintas orientales de marfil quemado, corcho o goma con una esponja húmeda.

Después no queda rastro de la escritura.

[escritura a mano] Griego: cheirographon (G5498).

Algo escrito a mano; decreto escrito. Solo aparece en **Colosenses 2:14**. Se refiere a lo que está escrito como una ley, no solamente a la parte ceremonial de la ley, sino cada detalle.

Se vuelve usar esta palabra en este versículo:

Hechos 3:19 Arrepentíos, pues, y volveos a Mí, para que sean **borrados** vuestros pecados, a fin de que vengan de la presencia del Señor tiempos de refrigerio...

Borrar es el proceso de renunciar y anular: lamentablemente mucha gente no sabe interpretar **Colosenses 2:14.**

Muchos quieren que las cosas sucedan en automático, ciertamente, como ya lo dije, Cristo lo hizo, pero a ti te corresponde realizar el proceso, porque Jesús hizo la parte jurídica legal para cederte el derecho.

Santiago 4:7 Por tanto, someteos a Dios. Resistid, pues, al diablo y huirá de vosotros.

Si fuera así como muchos lo piensan, ¿por qué debes resistir al diablo?, si Jesús no hubiera pagado en la cruz del calvario, no tendrías derecho a nada.

Los Pactos Más Peligrosos y El Poder del Pacto de Sangre

(Los pactos en la esfera de los reinos)

Capítulo 3

Quiero empezar con una pequeña reflexión de que, aunque constantemente puedas estar escuchando acerca del pacto al que perteneces o del nuevo pacto que el sacrificio de Jesús te permitió conocer, la mayoría de la cristiandad no tiene clara la profundidad del concepto del pacto.

Este punto lo he mencionado en los capítulos anteriores, pero quiero volver a mencionarlo porque considero de suma importancia con el propósito que veas la transcendencia que Dios le ha dado para dejarlo repetidamente en la Biblia: la palabra pacto se encuentra en 297 versículos y se menciona en 319 veces, es decir, hay más veces que se menciona, que los versículos citados, eso me deja ver que hay mucha importancia en la profundidad que esto significa, considerando también que los pactos funcionan en ambos reinos, tanto en el reino de Dios como en el reino de las tinieblas, muy específicamente hablando de pactos de sangre por ser el mayor de todos los pactos, aunque de ahí es que se derivan los demás, pero insisto, el mayor es el pacto de sangre.

Piensa por un momento en que, en determinado momento firmas un contrato de arrendamiento, por ejemplo; el contrato es por un tiempo determinado desde el principio y contempla todas las condiciones que vienen a formar parte el elemento jurídico legal, tanto los beneficios como las consecuencias si se incurre en el incumplimiento de cada cláusula que se estipuló desde el inicio. A veces se pasa por alto el hecho de leer todo el contrato y dentro de alguna cláusula dice cosas que podría ser que con mucha facilidad puedas caer en su incumplimiento, lo que te hace acreedor a pagar las consecuencias negativas.

Por supuesto que, cuando son cosas materiales, financieras, etc., tarde o temprano podrás salir de aquella situación; pero cuando se trata de algo espiritual, las cosas no son tan precisas, tan a la ligera porque no es por tiempo, sino que, lleva otras condiciones más enfocadas a destruir una vida, apropiarse de una vida, etc., es más, alguien puede pensar que aquella situación incompresible se puede terminar al morirse, pero no es así porque dependiendo de las cláusulas, los pactos pueden seguir vigentes de generación en generación.

Por su puesto que en ningún momento estoy magnificando la obra de las tinieblas, pero tampoco puedo pasar por desapercibido y dejar que te engañe el adversario con sus ardides porque debes saber que Satanás conoce respecto a los pactos y es aquí donde necesitas tener presente que Dios se mueve en la base de un pacto, Él está sobre el pacto, alrededor del pacto y dentro del pacto; de tal modo que tu caminar no puede ser sin la conciencia y el más amplio conocimiento acerca del pacto; pero no solamente repetirlo como un eslogan, sino que, debes caminar consciente de que estás poniendo por obra las condiciones de un pacto porque solamente así Satanás no te podrá dañar.

Debes vivir en la realidad del pacto con Dios, recuerda que Él está contigo, si tú lo sigues; siempre hay una condicionante que no puedes pasar por alto. Muchos cristianos piensan que, por haber levantado la mano un día y aceptado a Jesús en su corazón, se terminaron sus problemas; realmente eso no es así, ese día la persona que hizo una declaración con todo su corazón entró al pacto, Dios está con él, pero esa persona debe seguir los pasos de Jesús, esforzarse en buscarlo, aprender más de Él hasta que un día sea como Jesús. Por su puesto que en ese caminar habrá ataques de parte de las tinieblas, pero si aquella persona está consciente de que ya tiene un pacto con Dios; solamente debe caminar bajo esa realidad y entrará a vivir lo que dice la Biblia respecto a que si resiste al diablo, él huirá.

En el capítulo anterior estuve enseñando acerca de la similitud que existe entre el pacto matrimonial y el pacto con Dios, pero lo extraordinario aquí es que Dios deja escrito lo siguiente:

Malaquías 2:14 (LBA) Y vosotros decís: «¿Por qué?». **Porque el SEÑOR ha sido testigo entre tú** y la mujer de tu juventud, contra la cual has obrado deslealmente, aunque ella es tu compañera **y la mujer de tu pacto**.

Porque aunque es un pacto en la humanidad; se hizo en el matrimonio creando así un pacto que ambos deben respetar delante de Dios. Las cosas se complican cuando alguno falla de cualquier forma, no solamente en el ámbito sexual, aunque eso es como llegar al límite porque el matrimonio es un pacto de sangre y al romperlo cayendo en pecado de adulterio, hay muchas cosas que se mueven como las mencioné en el capítulo anterior.

Otro ejemplo que podría citar respecto al reconocimiento de los pactos es el pasaje bíblico de la mujer cananea que le gritaba a Jesús que sanara a su hija; pero Él la ignoró y aunque Sus discípulos le dijeron que la atendiera, Jesús les respondió que Él había sido enviado a las ovejas perdidas de Israel. La mujer insistió y Jesús ni siquiera se dirigió a ella, solamente dijo que no estaba bien que el pan de los hijos fuera echado a los perrillos; ante lo cual la mujer reconoció su condición y le dijo que aun los perrillos comían de las migajas que caían de la mesa. Jesús no era una persona déspota para responderle de esa manera, solamente estaba respondiendo en la base del pacto que Israel tenía con Dios, el pacto no era con ningún otro pueblo; sin embargo, al escuchar la respuesta de aquella mujer que en su trasfondo lo que buscaba era la oportunidad de tener un pacto con Dios; de manera que cuando Jesús nota la fe que escuchó en aquella mujer, la hizo que fuera libre.

También puedo mencionar lo que sucedió con Ruth la moabita; resumiendo la historia, llegó el momento en que le dice a su suegra que, su Dios sería su Dios, como diciéndole que quería pertenecer al pacto que tenía con Dios. Por eso es de suma importancia el hecho que conozcas más acerca del pacto porque en esa medida vivirás con mayor paz, esperanza, seguridad a pesar de las luchas y adversidades que puedan llegar a tu vida, porque entonces sabes que todo eso se terminará porque el pacto tiene una constitución jurídica en la cual, si te mantienes en el conocimiento del pacto, verás el respaldo de Dios en algún momento de tu vida.

Después de lo que podría ser una introducción a este capítulo, te presentó a continuación la siguiente cita que será la base de lo que estaré desarrollando para que sigas aprendiendo respecto a los pactos:

2 Corintios 6:14-16 No estéis unidos en yugo desigual con los incrédulos, pues ¿qué **asociación** tienen la justicia y la iniquidad? ¿O qué **comunión** la luz con las tinieblas? 15 ¿O qué **armonía** tiene Cristo con Belial? ¿O qué tiene en **común** un creyente con un incrédulo?
16 ¿O qué **acuerdo** tiene el templo de Dios con los ídolos? Porque nosotros somos el templo del Dios vivo, como Dios dijo: HABITARÉ EN ELLOS, Y ANDARÉ ENTRE ELLOS; Y SERÉ SU DIOS, Y ELLOS SERÁN MI PUEBLO.

Este versículo describe conceptos de la dinámica de pactar: **asociación, comunión, armonía, común, acuerdo**, considerando que, la palabra pacto es como visto desde un ángulo macro, pero existen muchas cosas que forman parte de la constitución de un pacto como es lo que dejé resaltado en la cita anterior.

El punto al que está enfocado esa cita es que, teniendo pacto con Dios, no debes involucrarte con la vida pagana, idolátrica, etc., en que está enfocado el sistema del mundo porque de otra manera estarás mostrando como la falta de importancia que tiene el pacto entre Dios y tú y que, ahora la contaminación puede ser más sutil que antes, razón por la cual no debes arriesgar en ningún momento tu vida integral.

Ejemplo De La Dinámica De Un Pacto

La Biblia define que no se debe romper esa línea roja para no sufrir consecuencias legales espirituales respecto a estos puntos:

1.- Asociación
2.- Comunión
3.- Armonía
4.- Común
5.- Acuerdo

La Dinámica De Un Pacto

Ahora expondré cada uno de estos puntos para que lo puedas tener más claro:

1.- Compañerismo u asociación: justicia vs. injusticia.

La palabra compañerismo es **metochos G3652**, significa:

Intercambio o interacción.

Interacción: es la relación o tratos entre personas o grupos que provocan un acople o unidad que hace que, al unirse a ellos se conviertan en uno mismo.

.- Cuando ocurre la interacción, siempre hay un intercambio.

.- Esto significa que las personas que se unen, experimentan literalmente, un intercambio en medio de su unión.

Eso significa que, si te unes a una persona que no tiene pacto y tú si lo tienes; si aquella otra persona tiene un estilo de vida contaminante, inclusive diabólico; si no cuidas tu vida de pacto con Dios, estás en riesgo de tener la misma contaminación.

En el mundo existen muchas cosas que parecerían contaminación insignificante; sin embargo, debes recordar que Satanás es padre de toda mentira, él forma parte del engaño del sistema del mundo, entonces aquello que podría ser un simple souvenir, podría tener un trasfondo de pacto con las tinieblas, por ejemplo, existen figuras metálicas que los negocios las venden partidas por la mitad para que dos personas tengan cada una, una mitad; pero realmente el trasfondo de eso es que haya un pacto entre ellos y aunque un día se dejen de ver, siempre permanezca esa vinculación por un objeto que sirvió como medio de contacto que llegó a tener en el mundo espiritual las ataduras que jamás pensaron tener.

Debo insistir en que, por más insignificante que pueda parecer una situación, hay un mundo espiritual que está detrás de esta dimensión donde se mueve firmemente el ámbito jurídico; de manera que, como Dios es jurídico, permite que conozcas lo que hiciste en un pacto contrario a El, pero también para que conozcas el poder, la profundidad y la constitución que tiene el pacto de la sangre de Jesús, para desear romper con el pacto de las tinieblas que pudiste haber hecho aunque sea en inocencia. Por eso debo recordarte nuevamente que no se trata solamente de pedir perdón a Dios, sino que, debes renunciar al pacto negativo, debes llegar a lo profundo que eso pueda significar.

Desde hace muchísimo tiempo y aún hoy día, existe una práctica que parecería muy superficial; sin embargo, es considerada así porque no se tiene el conocimiento necesario para saber lo que pueda significar, como es el hecho de hacerse un corte en el dedo de una mano de ambas personas y luego lo mezclan, pero el efecto espiritual que eso puede tener, es más profundo de lo que no puedes imaginar; eso se llama mezcla de sangre y está dentro de los 9 elementos del pacto que Jesús hizo.

Por supuesto que en ningún versículo de la Biblia describe que la gente se cortaba un dedo para mezclarlo con otra persona que había hecho lo mismo; sin embargo, la mezcla de sangre que puedo ejemplificar está en la cena del Señor cuando Jesús le dice a Sus discípulos que debían beber la sangre de Jesús **(Juan 6:53-56)**, sin embargo, ellos no comprendieron aquella profundidad del pacto que Jesús les estaba enseñando.

Hoy día, es muy lamentable que la mayor parte de gente que se dedica al ocultismo tienen el profundo conocimiento de lo que es el pacto y que por eso mismo es que a veces tienen mayor impacto en la gente, que los que verdaderamente tienen un mayor pacto porque entonces lo que sucede es que los que se dedican al ocultismo, hacen que los portadores del verdadero pacto con Dios, lo deshonren y caigan los efectos de los pactos contrarios.

Otro punto que debo insistir es en el hecho de examinar si tus ancestros hicieron pactos arcaicos, pactos con la muerte porque si hoy tienes pacto con Dios y sigues batallando en el mismo nivel de las batallas espirituales contra las tinieblas y solamente has estado padeciendo y no ves el final de aquellas guerras, es porque hay algo que debe estar sutilmente escondido y no has podido encontrarlo porque el diablo sabe que al encontrarlo, puedes anularlo, renunciar a todo eso que hiciste o hicieron tus ancestros y finalmente tener un cambio de vida entrando a la plenitud del nuevo pacto.

Cuando llegas finalmente al punto que es el causante de todos tus problemas por pactos ancestrales, puedes renunciar a eso y entonces todo aquello que las tinieblas han tenido en contra tuya, es debilitado y empiezas a recuperar y vivir en el pacto que tienes con Dios, pero tiene que ser muy puntual la renuncia que hagas, por eso debes sumergirte en buscar a Dios pidiendo un espíritu de discernimiento, sabiduría, entendimiento para poder llegar a la raíz de todo lo que estás padeciendo para entonces renunciar de forma precisa.

2.- Comunión: luz vs. tinieblas.

No puedes cruzar el territorio del enemigo de forma irresponsable y pensar que estarás cubierto por Dios. El territorio enemigo es todo lugar donde Dios no te envía y que caminas fuera de la voluntad de Dios, o sea, fuera del beneficio del pacto. Por supuesto que las tinieblas son el territorio enemigo, por eso no debes ir a donde Dios no te está enviando.

Las palabras claves:

Comunión: los lugares donde te unes.

Si Dios no te envió, estarás por tu cuenta, estarás solo y el diablo tendrá el derecho de hacer lo que quiera con tu vida.

Recuerda que Satanás no respetó ni el cielo, menos respetará la vida de alguien que se mete a su territorio, un ejemplo lo puedes ver en Saúl, entró en el territorio del enemigo, no a conquistarlo, sino a ponerse bajo su poder.

1 Samuel 28:7-8 Entonces Saúl dijo a sus siervos: **Buscadme una mujer que sea médium para ir a consultarla**. Y sus siervos le dijeron: He aquí, hay una mujer en Endor que es médium. [8] Saúl se disfrazó poniéndose otras ropas y fue con dos hombres; **llegaron a la mujer de noche**, y él dijo: Te ruego que evoques por mí a un espíritu, y que hagas subir al que yo te diga.

1 Crónicas 10:13 Así murió Saúl por la transgresión que cometió contra el SEÑOR por no haber guardado la palabra del SEÑOR, y también **porque consultó y pidió consejo a una médium...**

Con esto debes tener mucho cuidado en no confundir las cosas, porque si estás en el pacto de Dios, no significa que eso te otorgue autoridad para ir a donde no te está enviando Dios porque seguro te encontrarás en grandes problemas.

3.- Armonía: ¿qué armonía tiene Cristo con Belial?

Armonía viene de la palabra griega sumphonesis, y se define como: estar en armonía con, acuerdo, estipular mediante pacto; concordar y apoyar, sonar igual.

Cuando estás de acuerdo en algo, ese acuerdo afectará casi todo, es decir te obligará a algo, el acuerdo afecta cada aspecto de tu vida.

Las palabras claves:

Armonía: ¿qué apruebas, con quién estás de acuerdo?

2 Corintios 6:15 ¿O qué armonía tiene Cristo con Belial? ¿O qué tiene en común un creyente con un incrédulo?

4.- El acuerdo: un tipo de cobertura.

Estar de acuerdo es como ponerte bajo la cobertura de alguien.

¿Qué es Belial?

.- Carente de valores.
.- Que no es útil y no sirve para lo bueno.
.- De mentalidad mala o enferma.
.- De corazón endurecido.
.- Promotor de rebelión.
.- Corrupto.
.- Lleno de lascivia, etc.

Un significado de acuerdo negativo es estar como casado con Belial.

5.- Parte: En qué tomas parte o en que involucras tu parte o fe.

"¿O qué parte tiene el creyente con el incrédulo?"

La palabra parte en griego es meris (mer-ece'), y significa: compartir, estar en la misma o participar con.

Proviene de otra palabra griega, meros, que indica que hay una participación particular, es decir qué participación se dará.

Significa: no participar en actividades que rindan honor o respeto a otros dioses.

No debes pasar tiempo, en el sentido espiritual, en territorios donde hay actividad demoníaca o de espíritus inmundos.

Muchos piensan que pueden estar en cualquier lugar sin ser afectados por la atmósfera que prevalece en el ambiente, por ejemplo:

.- **Ruinas:** lugares turísticos.
.- **Iglesias:** bodas católicas o de sectas.
.- Night clubs, barras de alcohol.
.- Casas donde se consume drogas.
.- Territorios de fuerte influencia demoníaca.
.- **Carnavales:** como el de Brasil, New Orleans, etc.

Eso deja ver claramente entonces que, no haces pacto solamente con pronunciar la palabra pacto, sino que, al participar de actividades que pueden contaminarte, donde estás haciéndote uno con gente de las tinieblas, ahí estás haciendo pacto con las tinieblas, por consiguiente no es digno de alguien que tenga pacto con Dios.

Los Pactos De Los Reinos

Aquí verás cuáles son los pactos de Dios y cuál es el pacto que más se asemeja al pacto con Dios, pero visto del lado de las tinieblas y otros pactos buenos que también tienen su contraposición de lado de las tinieblas.

El pacto con Dios

.- En contraposición están los pactos demoníacos como el ocultismo.

El pacto matrimonial

.- En contraposición están los pactos sexuales ilícitos a través de rituales o pecados.

Otros pactos

.- En contraposición está el pacto con la muerte.

La Biblia concede examinar ciertos pactos negativos en orden de examinar tu vida y renunciar legal y personalmente en orden de no ser afectado o perseguido por las consecuencias.

Los efectos de los pactos, votos, y alianzas negativas

Hay diferentes clases de ataduras y la mayor parte de cristianos desconocen los efectos o consecuencias que pueden llegar de generación en generación.

La estrategia de las tinieblas

Es caer en un sistema de vida pactada sin entender el significado de los acuerdos, responsabilidades y derechos de un pacto espiritual.

.- Las gestiones jurídicas que provocan las ataduras.

.- Los procesos que hacen caer en ataduras.

.- Los actos que te dan lugar a las ataduras.

.- Las leyes espirituales que regirán en tu vida durante el tiempo que estén las ataduras sin romperse.

El mayor problema es que existe mucha incredulidad en la manera como las tinieblas trabajan para hacer pactos; a veces con una palabra puedes realizar un voto y quedar pactado con lo que dijiste; por eso dice la Biblia que en tu lengua está el poder de la vida y de la muerte (**Proverbios 18:21**), de manera que no existen palabras que no tengan repercusión en ti o en otra persona, debes pensar lo que vas a hablar antes de pronunciar una palabra.

Por supuesto que, para Satanás es mejor que la Iglesia de Cristo esté ausente del conocimiento del poder de los pactos porque de esa forma se hace candidata de todo tipo de engaños y consecuentemente de ataduras, acuerdos y pactos negativos porque es ahí donde tendrán lugar las gestiones jurídicas para provocar todo esto.

Por eso es necesario que, en medio de toda adversidad que puedas estar viviendo, le pidas a Dios fortaleza para seguir adelante en búsqueda de Su rostro para permanecer en intimidad con El porque de esa forma tu vida seguirá desprendiéndose del mundo, vivirás cada vez más en santidad y eso mismo será como un blindaje espiritual en contra de los engaños de las tinieblas. Por supuesto que, esto implica también estar en constante oración con Dios porque la oración es una fuente de descontaminación lo cual es vital en la vida de todo cristiano que está consciente que necesita romper con un pacto negativo. El mayor problema si no rompe el pacto negativo, está en que, puede entrar en una especie de adormecimiento o reposo **(Lucas 11:24), (Isaías 34:14 BJ2)**, el pacto está vigente, pero su actividad ha disminuido, hasta que encuentra otra persona que también tiene un pacto negativo y con el cruce de palabras, vuelve a reactivarse; principalmente cuando todo esto es una inclinación hacia pecar en el área sexual de aquella persona.

Unos de los problemas por los que se puede estar atravesando es que, la persona que tiene esa situación, un día logra apartarse de aquel pecado del cual no sabe que es consecuencia de un pacto negativo y que eso le abrió puertas a espíritus inmundos; pero el hecho de apartarse no anula aquel pacto; es necesario apartarse, confesar y entonces la persona alcanzará misericordia; porque al confesar su pecado está poniéndose en las manos de alguien que, al conocer el proceso de la purificación, necesariamente tiene que pasar por un proceso de liberación para poder separar el espíritu de la persona con la que hizo el pacto.

Es por eso que, cuando Dios establece un pacto con Su pueblo, convierte a Su pueblo como un receptor del emisor de bendiciones de Dios, pero por supuesto que para eso, es necesario que el pacto se mantenga con temor reverente, en integridad, en santidad; entonces el receptor está siempre activado del emisor de bendiciones de Dios que Él ha establecido en la constitución de Su pacto.

Los efectos de los pactos, votos y alianzas negativas

.- Hay diferentes clases de ataduras y la mayor parte de cristianos desconocen los efectos o consecuencias que pueden llegar de generación en generación.

Necesito hacer un llamado a tu atención en este punto; en ningún momento estoy tratando de acusar a ninguno, sino que, todo esto es conocimiento, equipamiento, enseñanza acerca de lo que se puede acarrear a la vida de una persona con pacto negativo y si no busca romper esa atadura por vergüenza, continuará latente aquella situación que lo regresará al mismo punto pecaminoso.

No estoy acusando sino brindando la salida de parte Dios para que las personas con este problema, sepan que Él está dispuesto a romper el pacto negativo en sus vidas si se confiesa el problema; principalmente si este tipo de problemas sexuales están teniendo lugar en la vida de un matrimonio porque Dios está interesado en la restauración de tu matrimonio, restaurar tu vida. Un ejemplo bíblico que puedo citar es la vida de David; Dios le dio oportunidad de arrepentimiento; sin embargo, algo lo había enceguecido para no darse cuenta del pecado en el que había caído con la esposa de uno de los hombres del ejército de Israel, Urías heteo; hasta que Dios le envía al profeta Natán para confrontarlo, pero no lo hizo en público porque lo que Dios estaba trabajando en David era que se rompiera ese pacto negativo que había creado y que fuera libre; esa situación estuvo entre Dios, David y el profeta Natán hasta que fue libre.

Debes considerar todo esto como una llamada de atención a tu vida para prevenirte de no ser víctima y que el día de mañana estés en medio de traumas de cosas que se han quedado estancadas y formado fortalezas mentales; pero si reconoces que necesitas ayuda porque no tuviste la consejería oportuna, recuerda que tienes de tu lado al mejor abogado que haya existido, a Jesucristo el justo, pero debes reconocer, apartarte, confesar y entonces alcanzarás misericordia, alcanzarás a ver rotos los pactos negativos.

La Dinámica De Los Pactos

Un pasaje que revela la dinámica de un pacto es el siguiente:

Mateo 18:18-19 De cierto os digo que **todo lo que atéis en la tierra habrá sido atado en el cielo**, y todo lo que desatéis en la tierra habrá sido desatado en el cielo. **19** Otra vez os digo que, si dos de vosotros se ponen de acuerdo en la tierra acerca de cualquiera cosa que pidan, les será hecha por mi Padre que está en los cielos.

Hay ataduras que se forman cuando se establece los pactos impíos o con las tinieblas; pero no solamente se queda formado en el ámbito terrenal, sino que, trasciende al ámbito espiritual;

es por eso que se necesita trabajar en pos de romper la ligadura del pacto en la Tierra para que sea roto en el ámbito espiritual.

Los votos que atan el alma

Son un vínculo que ata el alma de una persona por medio de una obligación adquirida. Un voto puede convertirse en un lazo que impida el desarrollo de un hijo de Dios, todo pacto fuera de establecer comunión con Dios, trae repercusiones negativas.

La Cultura De Los Pactos

Alianzas

La ley de la asociación dice que tú vienes a ser igual con quien has gastado su tiempo.

Proverbios 13:20 El que anda con los sabios se hará sabio, pero el que se junta con los necios sufrirá daño.

Si te asocias con gente injusta, la injusticia comenzará a manifestarse en tu vida. ¿Por qué es tan importante entender acerca de las alianzas? Porque el principio de las alianzas opera así:

.- Cuando Dios te va a bendecir lo hace por medio o a través de una persona.

.- Cuando Dios quiere protegerte, te aparta de una persona o aparta a la persona de ti.

.- Todo lo ha diseñado Dios para que opere en conexiones, por eso debes saber cuál es la correcta.

¿Cómo puedes saber con quién hacer una asociación o alianza?, dice la Biblia que, por sus frutos puedes conocer bien a una persona; si aquella persona tiene frutos de bendición porque constantemente está buscando a Dios, así será tu vida, pero si aquella persona tiene frutos de maldad, eso mismo te alcanzará para que se vea reflejado en tu vida.

Ejemplo de pactos negativos

Los profesionales que examinan el comportamiento de los jóvenes involucrados en pandillas, han llamado a eso, la cultura de las pandillas.

.- Está basada en pactos que hacen donde se comprometen a dar su vida por la filosofía que opera en las pandillas.

.- El juramento que hacen los ata y les fragmenta el alma.

.- Juran fidelidad a la pandilla de manera que parte de su alma, está en la pandilla y otra parte con su familia biológica.

.- Las ataduras en la pandilla son de rebelión y muerte.

.- Cuando pactan están entregando su alma o parte de ella al ambiente que pertenecen.

.- Eso significa que la identidad del individuo es absorbida en el contexto del ambiente, eso les produce problemas de identidad, seguridad y conducta.

.- La manera con la que alguien puede ser libre, es invitando a Dios a su vida y renunciando con todo su corazón al pacto negativo para que se anule el decreto de muerte que fue creado.

El Pacto

y

Culto

a

La Muerte

Capítulo 4

En este capítulo te enseñaré lo peligroso que es el pacto y culto a la muerte, verás su origen, sus consecuencias, sus ataduras, sus manifestaciones, etc., pero también explicaré que ese pacto con la muerte, solamente puede ser roto por un pacto de sangre, no cualquier sangre, sino la sangre del Señor Jesucristo.

Realmente entre las liberaciones más complejas que se experimentan por los ministerios de liberación, es este precisamente, el pacto y culto a la muerte, uno de los más fuertes y por esa razón es necesario conocer de sus estrategias en orden de saber aplicar los principios de guerra espiritual que le dan muerte al pacto con la muerte.

Debes recordar que escrito está:

Oseas 13:14 De la mano del sepulcro los redimiré, libraré los de la muerte. **Oh muerte, yo seré tu muerte**; y seré tu destrucción, oh sepulcro; arrepentimiento será escondido de mis ojos.

1 Corintios 15:55 ¿Dónde está, oh muerte, tu aguijón?, ¿dónde, oh sepulcro, tu victoria?

Para cuando inicies a estudiar este capítulo, es porque ya asimilaste los capítulos anteriores, de manera que es necesario que te tomes el tiempo para este capítulo por lo profundo que podría ser.

Desde el principio de este libro, he estado enseñando que el hombre fue diseñado para funcionar, operar, actuar en pactos para casi todos sus ambientes, razón por la cual Dios envió virgen a la humanidad, entiéndase con esto, tanto el hombre como la mujer para que el pacto matrimonial, sea entonces lo más cercano al pacto con Dios; esto es en el diseño original como todo ser humano nace.

También debes recordar que al haber toda la estructura de un pacto que es de carácter constitucional, ese pacto está muy relacionado con el hecho de entender lo que son los votos, las alianzas, asociaciones, etc., todo lo que está relacionado con establecer convenios con una o más personas, comprometerse a hacer determinado acto y cumplirlo, por supuesto de manera positiva, pero si lo haces delante de Dios, Él mismo manda a que si haces un voto, debes cumplirlo.

Sin embargo, el mal uso del sistema de pactos resulta en ataduras, porque el principio es el mismo, el cual es que el diseñador del sistema de pactos los respetará porque son de su creación o invención. Por eso es necesario entender y aceptar que Dios es jurídico legal, por eso Él vela en el cumplimiento de Su palabra.

El mayor problema es cuando se busca hacer votos negativos, porque en el momento que aquella persona busque hacerlos, el brujo con el que esté pactando, hará lo que le pida, pero también le pedirá algo a cambio, no solamente un pago económico, podría decir que el elemento económico es la parte física, pero la parte espiritual también debe tener un pago.

Por supuesto que los brujos no les explican las consecuencias que todo eso puede alcanzar, porque puede pasar cobrando desde lo espiritual y tener repercusiones materiales y aún ancestrales, o sea que, aquello que hizo una persona, solicitándole a un brujo y no le importó el pago que podrían solicitar, incluso llegar a afectar a su descendencia.

La Forma De Pactar

Los pactos contrarios son aquellos donde la naturaleza de los participantes es diferente, es decir, es como un yugo desigual, sea secular, espiritual, por negocios o sentimental; de manera que las formas de pactar son varias, por ejemplo:

.- Una es a través de la sangre, la cual es la más poderosa.
.- La segunda más poderosa es a través del poder de la voz.

Debes saber que la voz tiene un poder que produce un fruto, dependiendo del contenido que lleva la voz. Constantemente escuchas voces que te ponen ante la realidad de vivir en bendición o maldición por causa de lo que escuchas y aceptas respondiendo si o no; esa respuesta en una conversación que no es sana, sino malintencionada, maligna, que lleva el matiz de difamación, de la acusación, el matiz de la mentira, etc., de manera que en una conversación negativa si respondes sí, estás estableciendo un pacto con todo lo negativo que puede significar tu respuesta porque está activando el mundo espiritual para afectar la vida, no solamente de la persona que está llevando una difamación, sino también la vida de quien aceptó lo que le dijeron y eso mismo hace que se establezca un pacto.

Proverbios 18:21 La muerte y la vida están en el poder de la lengua, y los que gustan usarla comerán de su fruto.

.- Este versículo es de tipo jurídico por la profundidad que contiene lo cual es la base de lo que ya expuse.

.- Lo que dices determinará qué clase de frutos obtendrás.

.- Muchos hacen declaraciones que los han llevado a comer del fruto de lo que declaró, me refiero a comer del fruto de sus labios.

.- Esa misma gente se queja de aquel fruto que ellos mismos provocaron, pero no cambian su forma de hablar.

Oportunamente, he enseñado que, por medio de las liberaciones en que has podido participar, eso ha dado lugar que tu voz haya sido codificada en el mundo espiritual identificándola como una voz de guerrero espiritual, con autoridad de parte de Dios para echar fuera demonios, para romper maldiciones, etc., en el mundo espiritual tu voz codificada, debidamente identificada por los espíritus. Por eso es importante entender que tu timbre de voz tiene poder de parte de Dios y que, todo esto es como el caminar del justo que va de aumento en aumento hasta que el día es perfecto (**Proverbios 4:18**); porque así como el reino de las tinieblas ha intensificado sus luchas, Dios ha permitido que Sus siervos adquiramos más revelación, que cada vez haya más destreza, entendimiento sobre el área jurídica legal para que al salir a la batalla, seamos efectivos; de manera que, debes cuidar lo que hablas para no establecer un pacto sin que lo sepas y cuando te llegan las demandas, tengas más trabajo para saber qué hacer o cómo anular esos pactos.

Por esa misma razón es que el mundo de las tinieblas está debidamente organizado, sin magnificar su operación, pero no puedo dejar de mencionarlo con el propósito que esto también sirva para desenmascararlos y saber que si ellos tienen rangos de operación, es porque existe dentro de ellos como grupo, una evolución, negativa, pero van evolucionando en lo que hacen y es por esa razón también que las potestades tienen nombres con un oficio específico. Entonces, si en el mundo espiritual de las tinieblas están debidamente organizados bajo un patrón de ser imitadores porque no son creativos; cuánto más la Iglesia de Cristo en el ámbito espiritual debe estar evolucionando para contrarrestar los ataques de las tinieblas que cada vez son más complejos.

Cuando me refiero a los rangos y nombres específicos de potestades de las tinieblas, debes saber que hay potestades que están reservadas para el tiempo del fin, el tiempo que está viviendo hoy la Iglesia de Cristo sobre la Tierra, razón por la cual es necesario que haya una mayor consagración, una mayor búsqueda de Dios para que sea el Espíritu Santo quien te siga instruyendo con el conocimiento necesario para este tiempo porque la maldad ha aumentado y si la maldad aumenta, el conocimiento de guerra espiritual debe igualmente aumentar.

Hago referencia a todo esto por la importancia que tiene tu voz en el momento en que libera, reprende, decreta, porque de alguna manera es reconocida en el ambiente espiritual, es reconocida en el cielo y en mundo de las tinieblas, porque es el timbre de voz que Dios codifica; siendo esa una forma en la que Dios le dice a las potestades de los cielos que, cuando estés reprendiendo, cuando estés en plena batalla espiritual contra las tinieblas, te respalden.

Dios es jurídico legal y respetará tus pactos, votos, alianzas hasta que pidas que Él intervenga y renuncies a lo que acordaste fuera de Dios; de aquí entonces el hecho que en determinado momento tu voz te haya enlazado a cosas que no son suyas y que tu voz haya quedado comprometida; entonces para volver al punto de guerrero espiritual como venías fungiendo, debes tener presente lo que hayas dicho para ser específico en lo que necesitas renunciar.

Eclesiastés 5:5 Es mejor que no hagas votos, a que hagas votos y no los cumplas. 6 **No permitas que tu boca te haga pecar**, y no digas delante del mensajero de Dios que fue un error. ¿Por qué ha de enojarse Dios a causa de tu voz y destruir la obra de tus manos?

Los pactos no se inventaron en el mundo de las tinieblas, sino en el cielo porque Dios es jurídico legal, por eso Dios Padre se presenta como el juez porque fue Él quien instituyó ese sistema, un compromiso entre Él y Su creación; pero como Satanás está al acecho y viendo de qué forma copia lo que Dios hace para beneficiarse destruyendo vidas a través de los pactos, entonces hace que surjan los pactos negativos para que, en lugar de haber un acercamiento a través de los pactos con Dios, haya un alejamiento de Dios por medio de los pactos con las tinieblas, por la misma razón que Él es jurídico; lo cual tiene lugar hasta el momento en que la persona renuncie a lo que haya acordado con las tinieblas.

Todo lo que se dice sin responsabilidad en la Tierra, aunque no lo entiendas, en la esfera del espíritu, es decir, en el cielo, serás requerido para ser demandado por lo que dijiste.

Los Pactos Negativos Afectan El Canal De La Oración

Las oraciones interrumpidas

Todos los pactos y votos que hagas te obligan a cumplirlos y para poderlos romper, lleva el hecho de una especie de despojo, o sea, es como pagar para finalizar con aquello que creó la atadura, terminar con la atadura que te pusiste cuando dijiste algo negativo.

Job 22:27 Orarás a él, y él te escuchará; y podrás pagar tus votos.

Es decir, se debe renunciar primero al voto negativo para que sea recibida la oración.

Lo que puedes ver en este versículo es que, el voto está relacionado con lo que oras; dicho en otras palabras, hay gente que ora a favor de otra persona, con determinada petición, pero como tiene un voto negativo, la oración es interrumpida; entonces lo que se debe hacer es renunciar al voto que hizo para que la oración fluya adecuadamente y Dios la haga efectiva.

El Pacto Con La Muerte

Los pactos con la muerte es algo muy antiguo e importante saber que lo ha estado practicando la humanidad desde hace miles de años bajo un engaño; de tal manera que Dios deja evidencias bíblicas de que la humanidad, una vez empieza a hacer cosas malas y obteniendo los resultados esperados sin recibir las consecuencias negativas en su primera fase; entonces se van a lo más profundo, hasta que notan que se sumergieron de tal manera en la maldad y que eso los ha llevado a un punto de correr peligro como puede ser el hecho de estar padeciendo persecución, una divulgación del estilo de vida, entonces lo que hacen es crear un pacto con la muerte para seguir en sus maldades y no tener miedo de poder morir, eso es lo que se ve en la actualidad en ciertos círculos de la sociedad a nivel mundial.

Pero el mayor problema es que hay gente dentro de la Iglesia de Cristo que lo hizo en determinado momento, pero no han renunciado ni roto con aquel pacto; en su momento lo que hacen es testificar que estuvieron en ese círculo, pero con testificarlo no se rompe el pacto que se haya hecho con la muerte.

Isaías 28:15 (LBA) Porque habéis dicho: Hemos hecho un **pacto con la muerte**, hemos hecho un convenio con el Seol; cuando pase el azote abrumador, no nos alcanzará, porque hemos hecho de la mentira nuestro refugio y en el engaño nos hemos escondido.

Isaías 28:18 Y será anulado **vuestro pacto con la muerte**, vuestro convenio con el Seol no quedará en pie; cuando pase el azote abrumador, seréis su holladero.

.- El pasaje de Isaías permite ver la motivación por la cual la humanidad establece pactos de muerte.

.- Por supuesto es un engaño, sin embargo, la gente cree en esos pactos.

.- Cuando ves en la Biblia acerca del Dios de pacto, es cuando Él mismo ha establecido los pactos, pero son de vida, de bendición y no de muerte.

.- El engaño de las tinieblas es que, según la Biblia, estas personas al hacer pacto con la muerte, significaba que no serían destruidos.

.- Según ellos la muerte no los destruiría porque había un pacto de por medio.

Ahora observa el versículo de **Isaías 28:15** en las siguientes versiones:

(BLPH) Han dicho: "Hemos hecho una **alianza con la Muerte**; nosotros hemos sellado **un pacto con el reino de los muertos**. Cuando cruce el azote, no nos alcanzará, pues tenemos por refugio la mentira, la falsedad es nuestro cobijo".

(BLA 2005) Ustedes dicen: "Hemos hecho un **contrato con la Muerte**, y **con el lugar de los muertos hemos firmado un acuerdo**. El vendaval destructor pasará y no nos llevará, pues nos refugiaremos en ilusiones y nos esconderemos tras mamparas."

(LBA) Porque habéis dicho: Hemos hecho un **pacto con la muerte**, hemos hecho **un convenio con el Seol**; cuando pase el azote abrumador, no nos alcanzará, porque hemos hecho de la mentira nuestro refugio y en el engaño nos hemos escondido.

Lo extraordinario de todo esto al hacer pactos, es que, no se trata solamente de gente de escasos recursos, sino que, también hay gente profesional, inteligente, con suficientes recursos económicos que cae en la trampa de hacer pacto con la muerte. Cuando una potestad se enseñorea, es porque encontró una puerta abierta, siendo estas la ignorancia y la otra el engaño. El que es inteligente, culto, etc., lo puede engañar adoctrinándolo; por otro lado, al que no es inteligente, basta con entenderle su ideología y le traslada la idea del pacto con la muerte para hacerle creer que le irá bien.

La condición del pacto con la muerte

Hacer de la mentira su refugio y del engaño escondite.

1.- Obedecer a las demandas de la muerte pensando que solo así no los atacaría.

2.- Como decir, que se rindieran a la voluntad de la muerte.

3.- En otras palabras, se comprometieron a mentir y practicar el engaño para que la muerte les respetara la vida.

Isaías 28:15 (LBA) Porque habéis dicho: Hemos hecho un pacto con la muerte, hemos hecho un convenio con el Seol; **cuando pase el azote abrumador, no nos alcanzará, porque**

hemos hecho de la mentira nuestro refugio y en el engaño nos hemos escondido.

Esto se llama culto a la muerte.

El Engaño Del Pacto De Muerte

El engaño

La base de este engaño está basado en hacer que la humanidad practique el culto, la adoración, la idolatría a entidades de las tinieblas, a cambio de recibir la contraparte que lo representa, por ejemplo:

.- Culto a Baalzebub o Beelzebú: para que desaparecieran las plagas que enfermaban a la gente, él era el dios de las moscas o de las inmundicias (**2 Reyes 1:16, Mateo 12:24**).

.- Culto a Esculapio: para que sanara a la población de enfermedades (**Juan 5**).

.- Culto a la muerte: para que los librara de la muerte; pero esta idolatría en la actualidad ha llegado a extremos inimaginables, esta potestad la tienen en alta estima, en un nivel de señorío sobre sus vidas, puesto en un nivel de magnificencia pretendiendo llevarla paralelamente a Dios.

Es por eso que el tiempo que actualmente vive la Iglesia de Cristo, es muy peligroso porque está lleno de engaño, mentira, etc., pero no como había venido siendo desde la antigüedad, sino que, hoy es un engaño muy sutil; de manera que la única forma de librarte de todo eso es a través del conocimiento que solamente el Señor Jesucristo puede brindarte. Por eso debes amar a Dios, Su palabra, Sus ordenanzas, consagrar tu vida, orar en todo tiempo y que toda ignorancia huya en el nombre de Jesús y con eso no seas víctima de la operación de error de las tinieblas.

Significado De Pacto

La palabra pacto aparece en 297 versículos y se menciona 319 veces.

Pacto #H1285: berít de H1262 en el sentido de cortante; pacto (porque se hace pasando en medio de pedazos de carne): aliado, confederación, convenir, hacer alianza, pacto, prometer.

Diccionario Expositivo Vine: berît (בְּרִית, H1285), pacto; alianza; convenio; acuerdo; confederación.

También pacto derivado la raíz acádica significa **encadenar, poner grillos**.

Sinónimo De Pacto: Acuerdo

Acuerdo: G4856 sumphoneo.

De ahí viene la palabra sinfonía, acordes, acuerdo, sonar igual, hacer igual, practicar lo mismo.

Ponerse de acuerdo para apoyar o practicar algo que tiene que ver con la mentira y el engaño, y así dar lugar al pacto de muerte.

Este pacto de muerte comienza a tejerse a manera de irse fortaleciendo cuando las personas prefieren mentir y engañar.

¿Por qué hablar de esto? Para saber y tener poder de cómo romperlo sobre tu vida y tu familia.

Los Gestores De La Muerte

Isaías 28:18 (Jerusalén 1976) Será rota vuestra alianza con la muerte y vuestro pacto con el Seol no se mantendrá. Cuando pasare el azote desbordado, os aplastará.

Lo que Dios está diciéndoles a través de Su siervo el Profeta Isaías, es que la muerte no tiene la capacidad de darles esa protección porque es algo contrario a esa potestad; su naturaleza no es de protección sino de destrucción.

Por supuesto que aún falta mucho que decir en los siguientes capítulos; aun al terminar este libro habrá mucho qué decir, pero será como principios que te servirán para estar alerta, vigilante para no ser engañado porque el engaño es cada vez más sutil debido a que el tiempo se está terminando.

La Historia Del Culto A la Muerte y Los Gestores de La Muerte

Capítulo 5

Todo el estudio que has encontrado en este libro lleva como propósito principal que sepas discernir entre la luz y las tinieblas aún en medio del engaño tan sutil que se pueda estar moviendo en este tiempo y que sepas que ese culto no es dirigido por Dios bajo ningún punto de vista, Él no desea que te veas envuelto en pactos con una entidad como lo es la muerte, considerando la estrategia de engaño del reino de las tinieblas que hace creer a la gente que pactar con la muerte significa que está exenta de muerte física.

Es por eso que la cita que uso para empezar este capítulo es el siguiente:

Juan 10:10 El ladrón solo viene para robar y matar y destruir; yo he venido para que **tengan vida**, y para que la tengan en **abundancia**.

Jesús vino para que tú como cristiano estés fuera de la influencia de la muerte tripartita y que tengas una vida abundante, no simplemente sobrevivir, no solamente vivir al día en todo; por supuesto que tu prioridad debe ser la vida espiritual, pero no concuerda el hecho que pretendas vivir con una vida, espiritualmente hablando, en abundancia y que tu alma esté angustiada porque no tienes para sustentar a tu familia. La vida abundante incluye espíritu, alma y cuerpo, pero enfocado siempre en buscar de todo corazón a Dios porque Él es dador de la vida, y todo lo que puedas tener, es porque Dios ha permitido que así sea.

Parte del engaño del adversario es que tengas abundancia económica y te enfoques solamente en eso, dejando muy por debajo la importancia de la vida en el espíritu; es por eso que si no logras asimilar la abundancia que Dios desea que tengas, en algún momento puedes experimentar la muerte en el espíritu, en el alma hasta llegar al cuerpo, porque los afanes del mundo tienen ese enfoque, primero o terrenal que atacan al espíritu humano, llegando a convertir a una persona en ser materialista, pensando que tiene lo que tiene porque es su trabajo el que se lo provee, cuando la realidad es que, Dios es quien te abre todas las puertas para que sean la fuente de las bendiciones que desea darte; por eso dice la Biblia lo siguiente:

3 Juan 1:2 (LBA) Amado, ruego que seas **prosperado en todo así como prospera tu alma**, y que tengas buena salud.

Nota que el punto de partida es tu alma, después dice que tengas buena salud; por supuesto que es porque tu espíritu ha sido vivificado; pero el hecho que tu alma prospere no es que esté enfocada en saciarse y empujando al cuerpo a eso mismo, tu vida tripartita debe estar enfocada en la búsqueda del rostro de Dios.

Por supuesto que los afanes del mundo pueden provocarte una muerte espiritual en todo tu ser y que sea primero tu alma la que muera y como consecuencia afectará con enfermedades al cuerpo y finalmente morirá el espíritu humano. Lo que el adversario buscará es engañar por donde haya mayor vulnerabilidad.

Quizá para ti sea difícil aceptar el hecho que alguien haga pacto con la muerte, porque tú tienes temor de Dios y no lo harías y se te hace difícil aceptar el hecho que haya gente que no comprende la fórmula por dónde debe empezar la prosperidad hasta cubrir toda su vida. Por supuesto que, si Dios te permite enseñarle a otros el hecho que el deseo de Dios no es que estés en un nivel en el cual siempre estés sobreviviendo, debes hacerlo en el nombre de Jesús para llevar Su luz al camino de la gente para que sepan por dónde deben caminar porque dentro de todo lo que Dios está trabajando en ti a través de la vida abundante, es que puedas vivir en el Espíritu y que enseñes a otros para que también vivan de esa forma; no enfocados o esperando la prosperidad material porque eso llegará en la medida que cada quien esté enfocado en su vida espiritual.

No puedo dejar de mencionar que, es muy posible que el engaño de las tinieblas sea trasladado de generación en generación, que la gente haya aprendido a pactar con las tinieblas porque eso fue lo que le enseñaron desde pequeño, porque son parte de las costumbres lugareñas, todos lo hacen sin entender el trasfondo o las repercusiones que pueden tener porque les hacen creer que es parte de la cultura a la que pertenecen; eso es lo que les han trasladado desde que nacieron biológicamente.

El punto de la cultura, principalmente la hispana, es algo que se encuentra muy arraigada en el alma, por ejemplo, en el mes de noviembre se hace una celebración a los muertos, a tal punto que, en muchos lugares a donde puedas llegar, encuentras un altar a la muerte; pero lo lamentable no es solamente que haya gente que no conoce a Jesús y que eso los esté llevando a que tengan esas prácticas; lo lamentable es que haya gente que se supone que tienen a Jesús en su corazón y siguen en ese tipo de fiestas paganas.

Son gente que está constantemente en la congregación, hasta sirven al Señor, saben mucha Biblia, sin embargo, cuando se trata de costumbres y/o culturas, y una de las principales es la que está enfocada en el culto a la muerte, consecuentemente siempre están batallando con muchas situaciones adversas como pueden ser enfermedades, problemas familiares, escasez, etc., y todo es porque aquella persona no ha roto con los pactos con la muerte que quizá hasta son ancestrales, pero se practicaron por cuestiones de cultura, como ya lo he mencionado y eso hace que haya luchas constantes que el adversario está llevando a esa vida o a ese hogar y están impidiendo que se cumpla la promesa de Dios al decir que El vino para que haya abundancia de las cosas buenas que solamente pueden venir de parte de Dios.

No debes confundir el hecho de que seas salvo y que con eso todo el pasado haya quedado precisamente en el pasado sin efecto alguno. La Biblia ciertamente dice que si alguien está en Cristo, nueva criatura es, las cosas viejas pasaron, he aquí todas son hechas nuevas, pero al examinar el hecho de decir que alguien está verdaderamente en Cristo, va mucho más allá del hecho de haber aceptado a Cristo en el corazón y haberle abierto la puerta de tu corazón, porque en todo caso si haces absolutamente todo lo que Dios te diga que hagas sin fallarle en ningún momento, entonces estás en Cristo, el problema es que hay muchas cosas que se vienen arrastrando de una vida pasada que estás en el proceso de desarraigarla en el hombre de Jesús y mientras ese proceso se completa, habrá muchas batallas que te estarán estorbando para que no completes el proceso de consagración para decir que estás en Cristo.

Uno de los versículos que pueden darte mucha luz respecto a las batallas que libra todo cristiano, es el siguiente:

Efesios 6:12 (Amplificada) Porque no luchamos con carne y sangre (contendiendo solamente con oponentes físicos), pero contra los despotismos, contra los poderes, contra (los espíritus que son maestros o expertos) los gobernantes mundiales de esta oscuridad presente, contra las fuerzas espirituales de maldad en la esfera celestial (sobrenatural).

Ahora bien, lo que debes hacer como parte de la Iglesia de Cristo, es el hecho de revisar tu vida constantemente para asegurarte que el adversario no tenga absolutamente nada en ti como lo dijo Jesús en cierta ocasión:

Juan 14:30-31 (LBA) No hablaré mucho más con vosotros, porque viene el príncipe de este mundo, y **él no tiene nada en mí**; **31** pero para que el mundo sepa que yo amo al Padre, y como el Padre me mandó, así hago. Levantaos, vámonos de aquí.

Debes enfocarte en eso, en estar seguro de que el diablo no tiene nada en ti, no tiene nada que reclamarte porque no te ha dado nada, él no es tu dador de vida, sino, por el contrario, lo que busca para ti es el hecho de destruirte. Por supuesto que, si en algún momento Satanás pretendió tener un señorío sobre ti y hoy todo eso quedó en el pasado, de alguna forma puede ser que aún haya cierta contaminación de la cual debes ser sanado, liberado totalmente, por eso puedes ver en la Biblia lo siguiente:

Romanos 6:12-13 (LBA) Por tanto, **no reine el pecado en vuestro cuerpo mortal** para que no obedezcáis sus lujurias; [13] ni presentéis los miembros de vuestro cuerpo al pecado como instrumentos de iniquidad, sino presentaos vosotros mismos a Dios como vivos de entre los muertos, y vuestros miembros a Dios como instrumentos de justicia.

Romanos 7:17 (LBA) Así que ya no soy yo el que lo hace, sino **el pecado que habita en mí**.

Con esto puedes ver entonces que, el pecado dejó de reinar, pero la contaminación que dejó el haber reinado, aún prevalece y es necesario trabajar cada uno en su propia vida con el propósito de desarraigar cualquier cosa que Satanás pretenda tener en la vida de cada cristiano.

Ahora bien, regresando a lo que dice **Efesios 6:12**, debes saber que obviamente Dios hablando a través del Apóstol Pablo, está hablándole a la Iglesia de Cristo en Efeso, la cual era una Iglesia espiritual, pero de la oscuridad, era la región que colindaba con las otras Iglesias que tenían dones abiertos de la espiritualidad oscura; por eso cuando ellos se convierten a Cristo, el Apóstol Pablo tiene que regulárselos como puedes ver que lo hizo con los de Corinto al poner orden en los dones.

Pero a los de Efeso, es a los que más les habla de los lugares celestiales porque ellos conocían el mover espiritual de las tinieblas, ellos habían tenido a Diana a la que le rendían culto, tenían también los templos donde adoraban dioses como Zeus, estaba el templo a Esculapio, ahí estaban todas aquellas potestades y ellos tenían esa devoción por cultura o por lo que fuera, pero estaban en la oscuridad del mundo espiritual.

Fue por eso que el Apóstol Pablo cuando llega les dice que ahora tenían a Cristo, pero estaban teniendo una lucha contra las potestades a las que les habían servido y que ahora eran sus enemigos que les cobrarían una venganza por haberlos abandonado. Por eso es que, la tarea tuya como cristiano es quitarle al adversario la materia prima que puede encontrar en tu vida con el propósito que no continúe trabajando y estorbándote.

Debes estar siempre apercibido del engaño tan sutil de las tinieblas porque por pequeño que sea el pecado, te estará contaminando. Lamentablemente, hay gente cristiana que lleva una vida de pecado sexual al estar unido en matrimonio con su cónyuge y a la vez teniendo relaciones sexuales con otra persona, con lo cual está contaminando su espíritu. Por supuesto que al mencionar este tipo de pecado, lo estoy dejando muy claro, sin embargo, no se peca solamente en el área sexual, hay cosas que por pequeñas que sean, están contaminando tu vida y es por esa razón que necesitas estar apercibido, velando para no caer en la tentación que el enemigo lanza contra tu vida.

Jeremías 15:19 (LBA) Entonces dijo así el SEÑOR: Si vuelves, yo te restauraré, en mi presencia estarás; **si apartas lo precioso de lo vil**, serás mi portavoz. Que se vuelvan ellos a ti, pero tú no te vuelvas a ellos.

Parecería tan fácil el hecho de separar lo precioso de lo vil y quizá lo sea cuando es algo muy evidente, pero el engaño del adversario es tal, que es necesario estarte examinando constantemente como parte de la Iglesia de Cristo porque es a Su pueblo al que le está hablando, no es al mundo, no es a nadie más, es a la Iglesia de Cristo.

Todo lo que hasta aquí has visto es solamente para que tengas claro que Dios se ocupa en que estés advertido en todo momento. Ahora verás la base que he estado usando para el desarrollo del estudio:

Isaías 28:15 (LBA) Porque habéis dicho: Hemos hecho un **pacto con la muerte**, hemos hecho un convenio con el Seol; cuando pase el azote abrumador, no nos alcanzará, porque hemos hecho de la mentira nuestro refugio y en el engaño nos hemos escondido.

Isaías 28:18 Y será anulado **vuestro pacto con la muerte**, vuestro convenio con el Seol no quedará en pie; cuando pase el azote abrumador, seréis su holladero.

Estos versículos permiten ver la motivación por la cual la humanidad establece pactos de muerte, simplemente no querían morir o porque hacían cosas que eran dignos de muerte y creían que solamente la muerte los podía salvar. Por supuesto que es un engaño; sin embargo, la gente creía esa mentira. El gran problema es que eso parece que hoy día sigue vigente para gente que vive sumida en el culto a la muerte donde existe una devoción, una ofrenda de por medio sea esta material, vida, generaciones, etc.

El Dios de pacto

Dios mismo ha establecido los pactos, pero los Suyos son de vida, de bendición y no de muerte.

El engaño de las tinieblas

Según la Biblia estas personas al hacer pacto con la muerte, creían que no serían destruidos; según ellos la muerte no los destruiría porque había un pacto de por medio, pero todo lo que se haga con las tinieblas, está en contra de la persona, de manera que solamente con pretender hacer algo así, está dándose lugar a gestores de la muerte, pero una muerte que viene de parte de Dios como un juicio por haber menospreciado el sacrificio de Su Hijo en la cruz del calvario, Dios ya dio la salvación para que no se hagan contratos con la muerte.

Cuando una persona se involucra con el culto a la muerte, a la revelación del ocultismo, inmediatamente se ha gestado un espíritu de muerte que en cualquier momento los alcanza.

Los Gestores De Muerte

Uno de los primeros gestores de la muerte es el culto a la muerte.

Esto puede dar lugar a que algunos mueran:

.- **Antes de tiempo,** es cuando alguien está en el lugar equivocado, a la hora equivocada, con gente que no es la correcta para hacer amistad o compañerismo haciendo las cosas que no son agradables a los ojos de Dios.

.- **Después de un tiempo.**

Un ejemplo a este respecto lo puedes ver en esta cita:

2 Reyes 20:1-6 En aquellos días Ezequías cayó enfermo de muerte. Y vino a él el profeta Isaías, hijo de Amoz, y le dijo: Así dice el SEÑOR: "Pon tu casa en orden, porque morirás y no vivirás." **2** Entonces él volvió su rostro hacia la pared y oró al SEÑOR, diciendo: [3] Te ruego, oh SEÑOR, que te acuerdes ahora de cómo yo he andado delante de ti en verdad y con corazón íntegro, y he hecho lo bueno ante tus ojos. Y Ezequías lloró amargamente. [4] Y aconteció que antes que Isaías hubiera salido del patio central, vino a él la palabra del SEÑOR, diciendo: [5] Vuelve y di a Ezequías, príncipe de mi pueblo: "Así dice el SEÑOR, Dios de tu padre David: 'He escuchado tu oración y he visto tus lágrimas; he aquí, te sanaré. Al tercer día subirás a la casa del SEÑOR. [6] 'Y añadiré quince años a tu vida, y te libraré a ti y a esta ciudad de la mano del rey de Asiria; y defenderé esta ciudad por amor a mí mismo y por amor a mi siervo David.'

Ahora bien, también debes ver las partes donde se gesta la muerte, me refiero a las diferentes clases de muerte:

Las muertes

.- **Muerte espiritual:** desconectado de Dios, la comunicación con Dios ha sido interrumpida por la misma persona a causa de las actitudes que decide tomar.

.- **Muerte del alma:** la perdida del equilibrio del alma, en sus funciones emocionales, mente y voluntad. Esto deja ver que una persona puede estar biológicamente viva, pero con su alma moribunda a consecuencia de una vida que no es del agrado de Dios. La persona empezó una nueva vida con Dios, dejó las costumbres del mundo, pero de pronto por la falta de sabiduría, del conocimiento de saber qué es lo que debía hacer después de haberle abierto la puerta de su corazón a Dios, al no darle el debido seguimiento a la descontaminación de su alma, aquello que aún quedó como vestigios de una vida mundana y de pronto al encontrar algo que compaginaba con lo que ya había dejado; empieza a entrar nuevamente en el mismo ambiente y el alma empieza a morir.

.- **Muerte física:** la finalización de las funciones vitales.

Un ejemplo muy práctico y conciso que puedo presentarte a este respecto, es con los siguientes versículos:

Cuando Adán desobedeció a Dios, su espíritu murió:

Génesis 2:17 (LBA) ...pero del árbol del conocimiento del bien y del mal no comerás, porque **el día que de él comas, ciertamente morirás**.

Génesis 3:6 (LBA) Cuando la mujer vio que el árbol era bueno para comer, y que era agradable a los ojos, y que el árbol era deseable para alcanzar sabiduría, **tomó de su fruto y comió; y dio también a su marido que estaba con ella, y él comió**.

Este es el momento en que muere el alma:

Génesis 3:10 (LBA) Y él respondió: Te oí en el huerto, y **tuve miedo** porque estaba desnudo, y me escondí.

Este es el momento en que finalmente muere biológicamente Adán:

Génesis 5:5 (LBA) El total de los días que Adán vivió fue de novecientos treinta años, y murió.

A partir del momento en que Adán pecó, empezó a morir y fue el momento en el cual Dios sacrifica un animal para tomar sus pieles y que así se cubrieran sus cuerpos juntamente con Eva. Otro punto que debes notar es que, Adán dejó de comer del árbol de la vida que era el que lo mantenía inmortal pero no eterno.

Génesis 3:22 (LBA) Entonces el SEÑOR Dios dijo: He aquí, el hombre ha venido a ser como uno de nosotros, conociendo el bien y el mal; **cuidado ahora no vaya a extender su mano y tomar también del árbol de la vida, y coma y viva para siempre**.

Si Adán hubiera comido del árbol de la vida después de haber desobedecido a Dios, el pecado se hubiera inmortalizado, por esa razón fueron echados del huerto del Edén.

La muerte una gestión

Una gestión es un trámite, una diligencia o despachar.

¿Cuándo llega la muerte?

.- La muerte no viene cuando quiere, sino hasta que hay una sentencia dada por Dios, y después de que se ha dado un proceso, ya que la muerte no reina, el que reina es Dios.

.-Y cuando alguien permite que la muerte sea concebida o gestada por sí misma.

La persona que hace un pacto con la muerte y cree que no pasará nada más, es porque está engañada, eso es un error, es una mentira y engaño del diablo porque a partir del momento en que se pacta con esa entidad, ahí se empezó a gestar la muerte de la persona, antes del tiempo que Dios tenía estipulado, antes que viviera muchas cosas de bendición de parte de Dios.

¿Qué es el gestar de la muerte?

Engendrar: fecundar la muerte, procrear, gestar, concebir, reproducir, generar, criar, crear, producir, originar, ocasionar, causar la muerte del alma, etc.

Por supuesto que todo esto se puede evitar, empezando por no pactar con la muerte, pero no es un decir, sino que, está visto en la Biblia, porque entonces ahora no solamente es pactar, sino también gestar.

1.- El gestor de la muerte: el pecado

Romanos 5:12 (LBA) Por tanto, tal como el pecado entró en el mundo por un hombre, y la muerte **por el pecado, así también la muerte** se extendió a todos los hombres, porque todos pecaron...

Romanos 6:23 (LBA) Porque **la paga del pecado es muerte**, pero la dádiva de Dios es vida eterna en Cristo Jesús Señor nuestro.

Eso significa que:

.- En la muerte del alma por el pecado, se experimenta un engaño.

.- El pecado permite sentir a la persona que es tiempo de placer.

.- El pecado engaña a la persona haciéndole creer que, lo que está haciendo es vida (vicios, sexo ilícito, bailes, etc.), sin embargo, la muerte se está engendrando.

.- El pecado no confesado comenzará a gestar la muerte.

El mayor problema con todo esto es que, la gente que hace pacto con la muerte es porque se han convertido en una máquina de pecado, hacen ese pacto para seguir pecando y creen que al mantenerse en ese círculo vicioso, no les llegará el tiempo en que tendrán que pagar el pacto que hicieron.

2.- El gestor de la muerte: cárcel espiritual

Salmos 55:3-4 ...opresión del impío; pues echan iniquidad sobre mí, y con furia me persiguen. [4] Angustiado está mi corazón dentro de mí, y **sobre mí han caído los terrores de la muerte**.

Muchos hemos estado en cárceles espirituales, pero el punto es lo que puedes hacer negativamente mientras estás en una cárcel espiritual sin buscar ayuda, y solamente lamentarnos todo el tiempo y así dar lugar a que este gestor se desarrolle.

¿Qué significa esto?

.- Cuando se levantan tus enemigos y te hacen la guerra y te sientes acorralado.

.- El peligro entonces es que tu alma va cayendo poco a poco en desánimos y esto puede gestar la muerte si no aprendes a confiar en Dios.

3.- El gestor de la muerte: estados emocionales negativos

Mateo 26:38 (LBA) Entonces les dijo: **Mi alma está muy afligida, hasta el punto de la muerte**; quedaos aquí y velad conmigo.

Cuando se viven estados emocionales muy altos, estos le ceden lugar al sentimiento de muerte en el alma.

Jesús en el Huerto sudó sangre; hoy día es considerado una condición médica llamada hematidrosis.

No es muy común, pero puede darse cuando hay un alto grado de sufrimiento psicológico.

1. Lo que sucede es que la ansiedad severa provoca la secreción de químicos que rompen los vasos capilares en las glándulas sudoríficas.

2. Como resultado, hay una pequeña cantidad de sangrado en las glándulas y el sudor emana mezclado con sangre. No es mucha sangre, sino una cantidad muy pequeña.

Jesús lo vivió, pero lo superó porque se refugió en el Padre a través de la oración.

4.- El gestor de la muerte: rehusarse de hacer la voluntad de Dios

Jonás 4:8 Y sucedió que al salir el sol, dispuso Dios un sofocante viento solano, y el sol hirió la cabeza de Jonás y él desfallecía, **y deseaba con toda su alma morir**, diciendo: Mejor me es la muerte que la vida.

.- Inherentemente en el alma de hombre y mujer hay un deseo de muerte al rehusar hacer la voluntad de Dios.

.- Si haces la voluntad de Dios tendrás alegría, gozo, paz, etc.

.- Saber que Dios tiene propósitos en tu vida y rehusar hacerlo, repercute en producir la muerte del alma.

Cuando alguien rechaza la voluntad de Dios, puede pensar que le llegará un castigo de parte de Dios y si hace un pacto con la muerte, estará protegido porque es una entidad espiritual.

5.- El gestor de la muerte: por la presión y/o la opresión

Jueces 16:16 Y como ella le **presionaba** diariamente con sus palabras y le **apremiaba, su alma se angustió hasta la muerte**.

Cuando un cristiano está bajo la opresión diariamente, el alma se angustia hasta la muerte. Por eso es importante discernir a los mensajeros de la opresión. Recuerda que una opresión es un ataque que llega de afuera hacia dentro. Un ejemplo lo puedes ver cuando alguien hace una sociedad con otra persona y de pronto uno hace algo indebido e invita al otro a que haga lo mismo, pero está ejerciendo una opresión hasta convencerlo a que lo haga.

Presionaba: H6693 tsuwq {tsook} 1) para restringir, presionar, traer a los estrechos, estrechar, oprimir.

Ante esa realidad la salida sigue siendo Cristo.

6.- El gestor de la muerte: la murmuración

1 Corintios 10:10-11 Ni murmuréis, como algunos de ellos murmuraron, y fueron destruidos por el destructor. **11** Estas cosas les sucedieron como ejemplo, y fueron escritas como enseñanza para nosotros, para quienes ha llegado el fin de los siglos.

La murmuración llevó a muchos que murieran en el desierto.

El Jinete De La Muerte

Todo pacto con la muerte o convenio da lugar a que el jinete de la muerte visite a la persona, o algún miembro de la familia, a sus generaciones, etc.

La Entidad Muerte

Apocalipsis 6:8 (LBA) Y miré, y he aquí, **un caballo amarillento**; y el que estaba montado en él **se llamaba Muerte**; y el Hades lo seguía. Y se les dio autoridad sobre la cuarta parte de la tierra, para matar con espada, con hambre, con pestilencia y con las fieras de la tierra.

Cuarto Jinete

El cuarto jinete que va cabalgando, va montado sobre un caballo pálido. Dice la Biblia en el original que es un caballo Chloroz, es una palabra que se utiliza en la química para referirse a los gases tóxicos que lanza la industria.

La Muerte Sobre La Cuarta Parte De La Tierra

Mata la cuarta parte de la Tierra

.- Tiene autoridad sobre la cuarta parte de la tierra.

.- De cada cuatro mata uno.

.- En el libro de Génesis, el espíritu de muerte mata a 1 de los 4 habitantes (Caín mató a Abel).

El Reino De La Muerte

Romanos 5:14 (LBA) Sin embargo, la muerte reinó desde Adán hasta Moisés, aun sobre los que no habían pecado con una transgresión semejante a la de Adán, el cual es figura del que había de venir.

Según este versículo, dice la Biblia que la muerte era y es como un reinado que ejerció su poder desde Adán hasta Moisés, y que estaba sobre aquellos que habían pecado. Sin embargo, ejerce todavía su poder sobre la humanidad que se mantiene conscientemente en el pecado.

El pecado

Es la autorización para que el jinete del reinado de la muerte cabalgue contra una persona, familias o generaciones.

Enemigo a vencer

De manera que es siempre un enemigo a vencer y que estará con la energía de cabalgar atraído por el pecado.

Enemigo A Vencer

1 Corintios 15:26 Y el último enemigo que será abolido es la muerte.

Nuevamente, el Apóstol Pablo dirigiéndose a los corintios, les recuerda que el último enemigo que será vencido es la muerte.

La razón

Porque mientras exista el pecado, la muerte tendrá energía y derecho para cabalgar sobre toda la Tierra.

.- De manera que si no te desligas de todo aquello que te incita a pecar, sea engaños, mentiras, hechos abominables o de iniquidad, la muerte siempre será el último enemigo a vencer.

.- El pacto de muerte no es otra cosa más que, permanecer en lo malo en su nivel más alto de confrontar a Dios.

.- Lo hace creyendo que si se hace pacto con la muerte, Dios no podrá alcanzar a la persona, sin importar lo que haga negativamente en contra de Dios.

El Pacto De Muerte A Través Del Tiempo

El jinete de la muerte

Las razones de por qué la muerte visita tanto a generaciones, culturas o familias de manera constante; lo revela la Biblia.

Primero: es porque hay un pacto con la muerte que hicieron sus generaciones anteriores consciente o inconscientemente (**Isaías 28:15**).

Segundo: la práctica de la injusticia, de mentiras, de engaños y muertes (**Isaías 28**).

La Historia Del Culto A La Muerte

La historia del culto a la muerte tiene un largo proceso de evolución que se puede dividir en etapas.

.- Desde la época prehispánica.

Es un período de la historia anterior a la conquista y colonización española a partir de 1521.

.- Pasando por el catolicismo de la época colonial.

Un período colonial hace referencia a cualquier período en la historia de un país o de una región, cuando se daba el caso de estar sujeto a la administración por parte de un poder colonial.

.- Llegando hasta la mitad del siglo XX.

El siglo XX después de Cristo o siglo XX en la era común (siglo vigésimo de la era común) fue el período comprendido entre el 1 de enero de 1901 y el 31 de diciembre de 2000. Fue el décimo y último siglo del II milenio.

Es interesante cómo esta entidad le ha vendido la idea a la humanidad en que, cuando algún arqueólogo encuentra vestigios de lo que pudo ser el culto a la muerte, lo estudian bajo la perspectiva cultural, al punto de llegar a exhibir lo que hayan encontrado en museos.

También es importante ver estos datos porque permiten ver las raíces en las diferentes culturas de cada país, principalmente cuando se habla de América Latina. En la antigüedad se ocultaba un poco o se hacía de forma más discreta el culto a la muerte; hoy no, lo hacen como parte de una cultura libre; el engaño de las tinieblas ha hecho que se le rinda culto a la muerte traslapando en medio de una cultura de la cual se puede desconocer más de lo que se cree conocer.

Diferentes Nombres De La Muerte Según La Cultura Regional

Dios y diosa de la muerte azteca, la oscuridad y el Mictlán: la región de los muertos.

Mictlantecuhtli y Mictecacíhuatl.

El origen del culto por los muertos o los dioses, es de la época prehispánica, también de los aztecas, mayas y relacionados a la iglesia imperial romana.

Descrito como un esqueleto o cadáver con un rostro de jaguar (o búho) adornado con campanas.

Ah Puch, dios maya rey de Xibalbá, el inframundo.

Una celebración mexicana de origen prehispánico que honra a los difuntos el 2 de noviembre, comienza el 1 de noviembre y coincide con las celebraciones católicas del día de los fieles difuntos y todos los santos.
Día de Muertos.

En esta fiesta puedes ver cómo el enemigo ha trastocado las fiestas de Dios porque El ha instituido la fiesta de las primicias, mientras que esas primicias son las que la gente que está bajo ese engaño, se las ofrecen a los muertos en un altar. Ahora bien, dentro del mover de lo espiritual, tanto de Dios como de las tinieblas, hay dos elementos poderosos, la ofrenda y el altar. Una vez estén presentes los dos elementos, es como una llave para el mover de los poderes.

Dios lo que hace es darte para que puedas presentar tu ofrenda en un altar, por supuesto que para la Iglesia de Cristo ese altar es espiritual y aunque tu ofrenda puede ser física, su trasfondo es espiritual. Pero el punto es que, cuando se reúne un altar y una ofrenda, hay una convocación de espíritus; se reúne el espíritu humano, el Espíritu de Dios que responderá a la ofrenda y otros espíritus que podrían presentarse.

Lamentablemente, como Satanás es un imitador, recuerda que dice la Biblia que es padre de toda mentira; entonces en el ocultismo sucede lo mismo precisamente en el Día de los Muertos, porque se levanta un altar, poniendo la imagen de una calavera, pretendiendo ponerla en el mismo nivel de deidad del único Dios verdadero y Todopoderoso; y al presentar una ofrenda, igualmente están invocando espíritus en ese altar.

Por otro lado, debes saber que, sin ofrenda no hay altar y viceversa; por eso el adversario usa ese tipo de ritos, costumbres, filtrándola como cultura para que a través del engaño, siga siendo respetado el culto a la muerte.

San La Muerte: De origen Paraguayo/Argentino.

En el culto sudamericano se pide a San Muerte por una muerte no violenta ni dolorosa. En solicitud de aquellos que ponen en riesgo su vida.

La Muerte puede ser representada como una figura masculina o femenina; de forma masculina lo visten de manera tenebrosa, con guadaña y un rosario. En otras ocasiones, la Muerte es femenina, vestida con una túnica larga blanca de satín y una corona de oro.

Ahora puedes ver claramente que esta potestad cambió de nombre y un poco de sus características de los atuendos que lleva; sin embargo, sigue siendo el mismo culto, pero no es solamente un culto o una devoción, sino un pacto de las tinieblas, porque una persona que se presenta delante de esos altares con fe en lo que hace y al realizar sus ritos, se conecta con las tinieblas y ofrenda para que su tributo se convierta en la evidencia del pacto que está haciendo.

Por supuesto que todo esto lo estoy presentando bajo dos puntos de vista, uno es bajo el punto de vista religioso como lo ve la gente que lo realiza y el otro, bajo el punto de vista espiritual el cual es mucho más peligroso porque mueve espíritus de las tinieblas, se están tocando puertas a potestades de maldad y se le está dando la espalda a Dios.

En la santería la Muerte se sincretiza con Oyá y en Palo Mayombe con Centella Ndoki.

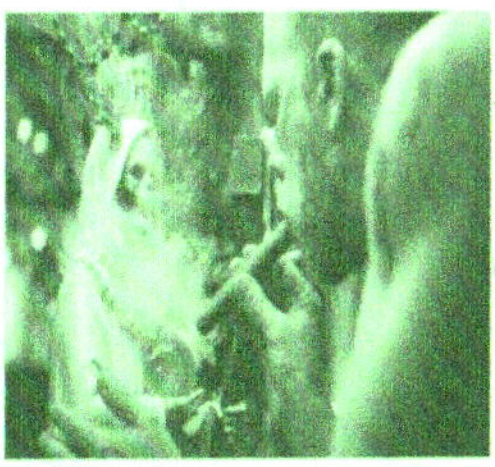

El culto de la Muerte se remonta a 1795, cuando los indígenas adoraban un esqueleto al que llamaban Muerte en un poblado del centro de México.

Origen moderno en la cultura popular:

.- Hay testimonios de que este culto permaneció oculto en los últimos dos siglos.

.- La leyenda popular dice, que se supone se transmitía de boca en boca, indicando que este culto haya empezado alrededor de los años sesenta.

.- Cuando en Catemaco, Veracruz, México, un local vio la figura de la Muerte dibujada en las tablas de su choza; fue a pedirle al cura local que verificara la imagen y la canonizara, pero este se negó rotundamente tachándola como rito de satanismo, de ahí que este culto se difundiese de persona a persona, sin tener una organización fija, por el temor a ser visto como satánico. Por lo menos, hasta el día de hoy.

En México los principales elementos característicos de la estatuilla de la "Muerte" son una balanza que representa la justicia, una guadaña con la que cosecha las almas y un pequeño mundo que carga en una de sus manos representando su impacto en el mismo, y un reloj de arena que señala el paso del tiempo. La figura es humanoide andrógina aunque tiende a tener más semejanza con la figura femenina, esto debido a la idea de que si nacimos de una mujer, morimos por una. Es un esqueleto cubierto con una túnica que cubre todo menos la cara y las manos.

Muerte estampa popular

El culto a la muerte se daría a conocer en el estado de Hidalgo, México, en el año de 1965.

La Muerte es así adorada o venerada sobre todo por personas que cotidianamente ponen en riesgo su vida; aunque los habitantes urbanos de hoy en día, también invocan esta figura para la protección y la recuperación de la salud, artículos robados o aún miembros secuestrados de la familia.

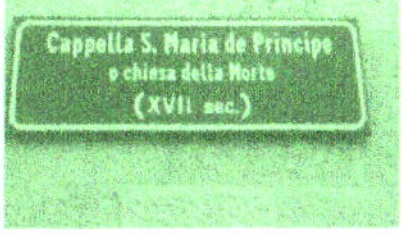

Iglesia de la Muerte.
Curioso nombre de una antigua iglesia católica en el sur de Italia.

El propósito de toda esta información, es para que tengas el entendimiento de lo que pueda significar el culto a la muerte porque bajo ningún punto de vista la imagen de esa potestad podría ser agradable a tus ojos; por supuesto que, hay gente que está bajo este estigma y es parte de su diario vivir, así como tú buscas el rostro del único Dios Todopoderoso y te gozas en Su presencia, así mismo hay gente que está atrapada en las tinieblas bajo ese engaño y no les causa ninguna repugnancia, porque es tal el engaño que, piensan que si no tienen ninguna manifestación incómoda o extraña, no están contaminados, sin embargo, el enemigo está trabajando con tal sutileza de engaño, que lleva todo de tal manera que la gente se sienta cómoda estando bajo su influencia para que se sumerjan más.

Otra forma de detectar ese tipo de situaciones es en la toma de decisiones, porque cuando tomas una mala decisión, de pronto te hace cambiar tu forma de pensar o lo que estabas pensando se convierte en algo negativo totalmente porque estás entrando en una atmósfera negativa, pero si estás constantemente perseverando en la búsqueda del rostro de Dios, estudiando la palabra de Dios, orando, etc., eso te hará discernir los ambientes a donde vayas y no serás vulnerado por las tinieblas.

El Pacto de Vida

Contra Los

Pactos de Muerte

Capítulo 6

A estas alturas del estudio que he estado abordando respecto a todos los aspectos de la esfera de los pactos, es decir, incluyendo los pactos negativos, los pactos de tinieblas, los votos, las alianzas y consecuencias que resultaron de esos pactos.

En la enseñanza anterior me enfoqué en explicar acerca del pacto y culto a la muerte. En esta primera parte enseñaré a manera de introducción, lo siguiente:

.- El jinete de la muerte.
.- Receptores y Gestores de la muerte.
.- Como vencer el espíritu de muerte.
.- El verdadero nuevo pacto.

A continuación detallaré el versículo que usaré como base para el desarrollo de este capítulo:

Juan 10:10 El ladrón solo viene para robar y matar y destruir; yo he venido para que tengan vida, y para que la tengan en abundancia.

Jesús vino para que tú como cristiano, salieras de la influencia de la muerte tripartita: espiritual, almática y del cuerpo; que salieras de esa influencia de morir antes de tiempo debido a la influencia de las tinieblas; para entonces tener lo que Él predestinó a tu vida como una vida abundante. Alguien podría preguntarse por qué Dios permite que haya muertes antes de tiempo; siendo la respuesta el hecho que Dios es justo, Él se mueve bajo un régimen jurídico que estableció oportunamente y es Dios el primero en ver que Su palabra se cumpla; de manera que cuando alguien hace pacto con la muerte, de alguna manera puedo decir que Dios deja que el cumplimiento de ese pacto siga su curso hasta que aquella persona lo rechace, lo anule y haga pacto con Dios para que todo aquello empiece a cambiar.

Recuerda que los pactos se realizan por medio de una palabra que alguien pueda pronunciar, aunque piense que está bromeando, en la atmósfera espiritual no hay bromas. Por eso debes recordar que la misma Biblia dice que en la boca está el poder de la vida y de la muerte (**Proverbios 18:21**). En el reino de los espíritus existe un libro donde están todos los detalles de lo que la gente ha convenido voluntariamente y en cierto momento podría ser que también inconscientemente; es decir que, alguien movido por sentimientos o emociones, pudo participar en un pacto que no era conveniente que lo hiciera.

Entonces, lo que Dios desea para esos casos en los que la gente cayó en los engaños de las tinieblas y ahora tienen pactos que los está haciendo padecer; Dios quiere que salgan, pero en la consciencia de lo que significaba aquello en sus vidas y la razón de sus limitaciones y que ahora en el conocimiento de lo que es bueno y lo que es malo, renuncien a lo que hicieron optando por establecer un pacto de vida a través del sacrificio de Jesús en la cruz del calvario.

En la medida que caminas en el evangelio, es requerido que tengas ese entendimiento porque quizá, cuando llegaste a los pies de Cristo, ignorabas estas verdades que hoy estás aprendiendo, de tal manera que, solamente aceptaste a Jesús en tu corazón en medio de la problemática que hayas estado viviendo de las cuales también debes estar consciente que Dios usó todo aquello para tratar tu orgullo, en tu lógica, en la dureza de tu corazón, etc., y viendo que no había otra salida más que entregarle tu vida a Jesús.

Sin embargo, no eras entendido en la mayoría de las cosas que estabas padeciendo, razón por la cual muchos cristianos son salvos, pero desconocen los procesos jurídicos que deben ser solventados y en la medida que vas avanzando y conociendo de la palabra de Dios, asimilando al máximo todo lo que concierne a la nueva vida en Cristo Jesús, vas adquiriendo ese conocimiento de lo que hiciste y eso mismo te hace reflexionar para renunciar porque entiendes que, aunque estés en Cristo, aún existe una barrera que te impide alcanzar muchas cosas.

Cuando hay desconocimiento y adversidad constante, permanente o han sido prolongadas y eres una persona que constantemente está buscando a

Dios en la congregación buscando el rostro de Dios y sirviéndole y a pesar de todo eso, la resistencia de las adversidades se hacen manifiestas, como que fuera una pared de vidrio que está sumamente limpia para que no la puedas ver, pero te impide avanzar. Tienes una vista despejada hacia adelante, pero no logras ver ese impedimento, de esa forma son las cosas que puedes estar enfrentando cuando no logras comprender la parte jurídica legal que pactaste en tu pasado y que debes romper en principio del conocimiento que estás constantemente alcanzando.

Dios te hizo libre, te dio la autoridad para romper en el nombre de Jesús, con todo impedimento, lo único que debes hacer es encontrar la forma, pedirle a Dios sabiduría, discernimiento, inteligencia y destreza de guerra para saber cómo hacer para ser efectivo en la guerra que debes enfrentar con la seguridad que el mayor guerrero y que nunca ha perdido una batalla, está contigo, su nombre, Jehová de los ejércitos, varón de guerra.

Cuando dice la Biblia que Jesús vino para que tengas vida y para que la tengas en abundancia, no es solamente material, eso viene a ser una añadidura que en ningún momento debe representarte atadura; por eso dice la Biblia que prosperarás, pero pone como un indicador el hecho que tu alma sea prosperada en Dios, o sea, desarraigada de las costumbres del mundo y hacerle una reprogramación hacia lo espiritual porque necesitas conocer y entender todo aquello que ha sido complejo en tu vida.

Otros de los versículos que me han servido mucho para darme a entender en el desarrollo de los pactos, son los siguientes:

Isaías 28:15 (LBA) Porque habéis dicho: Hemos hecho un **pacto con la muerte**, hemos hecho un convenio con el Seol; cuando pase el azote abrumador, no nos alcanzará, porque hemos hecho de la mentira nuestro refugio y en el engaño nos HEMOS escondido.

Isaías 28:18 (LBA) Y será anulado **vuestro pacto con la muerte**, vuestro convenio con el Seol no quedará en pie; cuando pase el azote abrumador, seréis su holladero.

Solamente estoy haciendo una especie de recordatorio de lo que has visto en los capítulos anteriores; que puedas ver lo que da el derecho para que aquel pueblo en aquel entonces y aún hoy día hay gente que lo sigue practicando, lo cual es el hacer pactos con la muerte a través de cultos, pretender que no morirán sin importar el nivel de vida desenfrenada que puedan llevar, lo cual es una total mentira porque la entidad llamada muerte no tiene la potestad de la vida, la vida es algo que le pertenece a Dios solamente; por eso puedes ver claramente que, Dios haría que Su pueblo cayera en la falsedad del pacto que hicieron con la muerte, ¿cómo?, los que habían hecho ese pacto, morirían como producto de un juicio divino porque ellos provocaron a Dios haciendo pacto con la muerte.

Ahora piensa por un momento el significado que tiene el hecho de conocer en el plano jurídico legal y con todo entendimiento y toda la fe en el Señor Jesucristo y en la oportunidad que nos permite tener a través del sacrificio que hizo en la cruz del calvario donde fue entonces el pacto con Su sangre, ahora saber que solamente en ese pacto puedes anular el pacto anterior, porque finalmente alcanzaste el entendimiento de la profundidad del engaño en el que pudiste haber caído, entonces Dios te bendecirá con vida abundante y a la vez, se anulará el proceso que se realizó para llevar a cabo aquel pacto negativo.

Si no tienes ese entendimiento, seguirás siendo un blanco de ataque de las tinieblas, en la mente de Satanás, para él tus pecados aún siguen vigentes, por esa misma razón es que el diablo opera en un sistema de modus operandi, un esquema en el cual lanza tentaciones, porque sabe que puedes seguir teniendo receptores de aquellas cosas que te tuvieron esclavizado al pecado, que solamente basta provocarlo para que vuelvan a estar activos; por esto está constantemente lanzando tentaciones para demostrar que aún llevas algo en tu alma que te hace tropezar en el pecado.

Las tentaciones son precisamente para que seas debilitado en aquellas áreas que aún permanecen ocultas, es una operación dirigida por el tentador, lo cual lleva como propósito provocarte para mostrarle a Dios que sigue latente y como no se la has querido entregar a Dios, el ataque continúa; por eso el tentador seguirá buscando receptores para que no te sientas en total libertad y que, mientras no haya un rompimiento de pacto, bajo el entendido que ese pacto está en orden de un proceso jurídico legal, también es necesario entender el poder que todo eso conlleva con el pacto de la sangre, porque al entender lo jurídico legal del pacto con la sangre, se destruirá lo jurídico legal del pacto con la muerte.

Considero que, hasta cierto punto es un error que se le diga a la gente que, después de haber aceptado a Jesús en su corazón, no necesitan conocer más ni tienen por qué hacer más porque Dios lo hizo absolutamente todo; sin embargo, aún existen luchas, batallas internas, viven en escasez, tienen enfermedades cíclicas, siguen batallando con problemas heredados de generaciones pasadas, etc., todo aquello que representa el reino de las tinieblas; ¿por qué en la casa de un hijo de Dios se pueden encontrar animales sacrificados, plagas que no deberían existir ahí?, el problema es que el adversario siempre persigue porque aún hay un proceso que debe solventarse.

Un ejemplo lo podría citar de la siguiente forma: cuando una persona está presa en una prisión y de pronto le llega el día de su salida; lo sacan de la celda, lo llevan a otra área donde le hacen ver los días que estuvo ahí, la sentencia, etc., después lo llevan a la sala donde están sus pertenencias, lo cambian de su ropa de uniforme por su ropa normal, le entregan sus pertenencias que llevaba al momento en que fue capturado, firma documentos de aquello que tuvo que pagar, después le hacen las recomendaciones de cómo debe vivir a partir del momento en que salga de aquella prisión y por último examinan toda su documentación para verificar que todo esté pagado en relación con la pena que estaba saldando en la cárcel y si le encuentran algo que aún está pendiente, entonces lo regresan a la cárcel para iniciar un nuevo proceso judicial y sentencia.

En el ámbito espíritu es lo mismo, el adversario estará buscando algo que esté pendiente de ser solventado para que aquella persona no quede libre, sino que, siga en aquella cárcel espiritual; por eso el conocimiento es de suma importancia porque esta situación abarca los pactos hechos por ancestros y que esté repercutiendo en generaciones de generaciones que lo hayan vivido sin la oportunidad de tener el conocimiento que hoy es posible tener por la gracia de Dios para poder romperlo en el nombre de Jesús porque el espíritu de persecución seguirá realizando su trabajo en contra de aquella persona por los pactos ancestrales.

Es aquí donde entra en escena otro personaje llamado:

El Jinete De La Muerte

¿Cuál es el trabajo de esta entidad?, perseguir aquello que aún no se ha cancelado, aquello que no se ha destruido el proceso por completo; pero debe darse el seguimiento necesario para que el enemigo no tenga argumento para que no pida que se haga un nuevo examen del caso y que no argumente tener derecho para mantener prisionero a aquello que no ha destruido por completo ese proceso.

Las razones de por qué la muerte visita tanto a generaciones, culturas o familias de manera constante, lo revela la Biblia:

Primero: es porque hay un pacto con la muerte que hicieron sus ancestros de forma consciente o inconscientemente **(Isaías 28:15).**

Segundo: la práctica de la injusticia, mentiras, engaños y muertes **(Isaías 28).**

Esta es la razón por qué la gente batalla tanto con muertes y persecuciones de muerte, porque algún ancestro hizo pacto con la muerte, pero es necesario romper ese pacto; porque hay un jinete que galopa según la Biblia y busca receptores de muerte, porque todo pacto con la muerte o convenio, da lugar a que el jinete de la muerte visite a la persona, a su familia, a sus generaciones, etc.

El jinete de la muerte no anda galopando viendo quién se descuida para cobrarle la vida, sino que, busca hacer eficiente su trabajo por medio de lo jurídico legal, de manera que pretende hacer su trabajo con seguridad y que lo que haga tenga como resultado la muerte de una nueva víctima porque tiene los derechos que lo acreditan para poderlo hacer, porque no se ha roto el pacto con la muerte.

Refiriéndome propiamente a ese jinete de la muerte, puedo decir que está relacionado con un escenario escatológico, sin embargo, en lo que es la esfera espiritual, ese tipo de entidades son parte de una estructura del mundo de los espíritus en el área de las tinieblas. Esa misma entidad que existe desde la antigüedad, incluso desde antes que el Apóstol Juan lo escribiera en el libro Apocalipsis, ha existido hasta este tiempo con el enfoque de buscar receptores de muerte, a la humanidad que por medio del Profeta Isaías quedó escrito en la Biblia por orden de Dios cómo Su pueblo, fue engañado para hacer un pacto con esa entidad, aún estando en el pacto de Dios con Abraham, Isaac y Jacob porque en ese momento eso es lo que existía, pero sin importarles aquella bendición, decidieron hacer un pacto con la muerte.

Pero volviendo al punto de ese jinete, no estaba destinado solamente para un período escatológico, sino que, son parte de una estructura, como ya lo mencioné, haciendo el trabajo que le corresponde en el mundo de los espíritus de las tinieblas; no obstante que, donde se permite ver de forma directa es en este versículo:

Apocalipsis 6:8 (LBA) Y miré, y he aquí, un **caballo amarillento; y el que estaba montado en él se llamaba Muerte**; y el Hades lo seguía. Y se les dio autoridad sobre la cuarta parte de la tierra, para matar con espada, con hambre, con pestilencia y con las fieras de la tierra.

Mucha información que puedes ver en este versículo, porque la muerte con la que hizo pacto el pueblo de Dios, desde la antigüedad, ahora resulta que cabalga sobre un caballo que representa precisamente la muerte.

Dice la escritura, en los manuscritos más antiguos, que esa palabra **amarillento**, es la palabra **Chloroz**, es una palabra que se utiliza en la química para referirse a los gases tóxicos que lanza la industria.

La Muerte Sobre La Cuarta Parte De La Tierra

Es muy interesante que tiene autoridad para matar la cuarta parte de la Tierra, diría que porcentualmente es el 25% del total de la humanidad. En el libro de Génesis, el espíritu de muerte mata a 1 de los 4 habitantes con que empezó a poblarse la Tierra por orden de Dios, me refiero a que Caín mató a Abel. Con esto podría decir que, ese porcentaje es el que tiene el receptor de muerte que busca el jinete de la muerte.

Receptores Y Gestores De La Muerte

Los receptores se hacen a través de una gestión, término jurídico que debe entenderse de esa manera y no solamente bajo el punto de vista biológico cuando se menciona el término gestar.

Otro punto es que la palabra receptor indica algo que está en un lugar esperando la señal de un emisor, sin embargo, de alguna manera ambos tienen señales que se identifican para que hagan sinergia; en la temática que estoy desarrollando, el jinete es el emisor y sale buscando el receptor en la vida de una persona. Pero entonces, ¿cuáles son los gestores?, porque si en algún momento Dios dice que los anulará y lo que se creyó que no pasaría, se empezará a sentir, experimentar, buscar hasta que sea ejecutado. Esta situación puede ser llevada por medio de asaltos donde pierden la vida, otros en un accidente, en una enfermedad repentina, otros que decidieron suicidarse, injiriendo sustancias que no creyeron que los llevaría a la adición hasta una sobredosis, etc. Todo eso puede llegar, pero para eso tuvo que haber una gestión, además que el jinete busca receptores, ya sea como producto de un pacto con la entidad llamada muerte o si es porque la gente gestó el espíritu de muerte, de cualquier forma el jinete de la muerte llegará a esos receptores, por ejemplo:

.- Las personas que han deseado alguna vez morirse como le sucedió a Job:

Job 7:15 Y así mi alma tuvo por mejor **el estrangulamiento y la muerte**, más que la vida.

Es por eso que, si eres ministro de Dios y sabes de alguna persona que ha tenido esta experiencia por la presión de la problemática que ha vivido, es mejor orar por aquella persona de forma inmediata, renunciar, impedir aquella situación y después llegar a la persona para tratar de persuadirla y llevarla a la confesión de la vida en Cristo Jesús y que renuncie a eso para que no tenga un receptor.

.- Los descendientes de familias donde las muertes son muy frecuentes, lo cual puede ser por enfermedades, accidentes, porque se abrió una brecha generacional por medio de un ancestro que se quitó la vida, etc.

.- Las personas que fueron sentenciadas o amenazadas de muerte porque les pidieron extorsión, eso los hace vivir traumados y el miedo es como una fe negativa que atrae la muerte como decía Job:

Job 3:25 Pues **lo que temo viene sobre mí**, y lo que me aterroriza me sucede.

.- Las personas que le tienen miedo a la muerte tienen que trabajar con ese miedo, con su mente, renovarla para no recordar los escenarios que pudieron significar una cadena y ser libre de la agonía que pudieron haber experimentado, un ejemplo son las personas que padecen ataques de ansiedad y de pronto empiezan a experimentar la falta de oxígeno, pero realmente es la mente la que los lleva a ese nivel de desesperación donde el mismo sistema anatómico colabora con ese sentir porque hay una conexión entre lo que están pensando, lo que están sintiendo en su corazón y su organismo; realmente la ansiedad puede ser un espíritu que está atrás de todo eso, pero también es necesario que sea vencido en el nombre de Jesús, enseñándoles el poder de la vida, el poder del pacto que el Señor Jesucristo dejó para anular esos pactos que se hayan hecho en el pasado que, incluso pueden ser herencias ancestrales, pero el punto es que esas ansiedades pueden convertirse en receptores del jinete de la muerte.

.- Las personas que estuvieron al borde de la muerte pueden estar viviendo con ese mal recuerdo y sin poderlo dejar de experimentar, los llevan a convertirse en receptores de la muerte.

.- Las personas que sueñan frecuentemente con la muerte, pero no precisamente que sea la persona misma, sino que, alguien más llega a decirle que la soñó muerta a aquella persona; aunque eso también es una falta de responsabilidad porque puede ser un mensaje de parte de las tinieblas. Recuerda que Dios no necesita darle un sueño a otra persona para que se lo interprete a otra. Dice la Biblia que Dios habla en sueños profundos:

Job 33:15-18 (LBA) En un sueño, en una visión nocturna, cuando un sueño profundo cae sobre los hombres, mientras dormitan en sus lechos, **16** entonces Él abre el oído de los hombres, y sella su instrucción, **17** para apartar al hombre de sus obras, y del orgullo guardarlo; **18** libra su alma de la fosa y su vida de pasar al Seol.

Cuando estudias en la Biblia respecto a los sueños, puedes notar que el 99% fueron directamente a las personas. Los paganos que no tenían forma de interpretar los sueños, Dios usó intérpretes siervos suyos para ese efecto, por ejemplo, el sueño de Nabucodonosor que fue Daniel quien le interpretó su sueño, otro ejemplo también es cuando el copero y el panadero soñaron y José les interpretó su sueño, también fue José quien le interpretó el sueño a Faraón. De tal manera que solamente el 1% de todos los sueños, es profético.

.- Las personas que han tenido apariciones de la muerte.

.- Las personas que viven amenazando de muerte.

.- Un adulto que intentaron abortarlo.

.- Por brujería enviando la maldición de la muerte.

Estas son algunas de las formas en que se establecen los gestores de la muerte. La pregunta surge ahora diciendo: ¿qué puedes hacer para trabajar en orden de anular esos receptores y quitarle el derecho al jinete de la muerte? Lo primero es renunciar a ese pacto de forma específica, sentirte compungido de eso, como que fuera tu propio pecado si no fuiste tú quien atrajo aquella situación, sino que fue por herencia ancestral. Por eso puedes ver en el libro de Daniel que él mismo oraba a Dios renunciando por la iniquidad de sus padres, porque cuando los padres lo hicieron fue una iniquidad, lo cual es la ofensa máxima en contra de Dios.

Entonces siendo eso un pacto ancestral y por esa razón tienes un receptor o quizá fuiste tú directamente quien en tiempo de ignorancia caíste en la trampa del enemigo haciendo pacto con la muerte participando en una pandilla, sacrificando animales, participando en un crimen, en un ritual satánico y ahora tienes amenazas, sueños negativos, ataques mentales, te vienen provocaciones donde tratan de despertarte a la violencia, ahí hay un jinete que está reclamando el receptor o está tratando de mantener la gestación con la muerte; si todo eso es así, con mayor razón tu renuncia debe ser profunda. Por supuesto que si todo eso es por las iniquidades de tus ancestros, debes pedirle perdón a Dios por ellos para que no tengas repercusiones de ningún tipo aunque ellos hayan muerto ya, porque todo eso es por causa del ámbito jurídico legal en una corte celestial.

Por eso puedes ver en la Biblia diciendo que Dios visitará la iniquidad de los padres sobre los hijos hasta la tercera y cuarta generación de los que lo aborrecen; eso te incluye a ti y hasta tus bisabuelos:

4.- Hijos
3.- Padres
2.- Abuelos

1.- Bisabuelos

Éxodo 20:5 (LBA) No los adorarás ni los servirás; porque yo, el SEÑOR tu Dios, soy Dios celoso, que **castigo la iniquidad de los padres sobre los hijos hasta la tercera y cuarta generación** de los que me aborrecen...

Habla de la tercera y cuarta generación porque posiblemente los bisabuelos ya no vivan ni los abuelos, pero los padres es muy probable que si, entonces tú como padre también tienes la solvencia para anular la iniquidad para que no pase sobre tus descendientes y detener así el galopeo del jinete de la muerte.

Venciendo Al Espíritu De Muerte

Primer principio

La base que puedes ver para poder renunciar es, el deseo de Dios, lo que El te proclama, lo que El te anuncia:

Ezequiel 18:32 (NBH) "Pues Yo no Me complazco en la muerte de nadie," declara el Señor DIOS. "Arrepiéntanse y vivan."

La muerte se vence **con el arrepentimiento verdadero**.

¿Sabes por qué hay gente que aunque cometió pecados escandalosos está con vida?

Porque se arrepintió de verdad, ya sea a solas o delante de un ministro de Dios, por ejemplo: David y Saúl.

Los pecados de Saúl no fueron a tu parecer escandalosos como el de David, sin embargo, murió Saúl y David no, porque él se arrepintió mientras que Saúl no.

Segundo principio

Isaías 28:18 (LBA) Y será abolido vuestro **pacto con la muerte**, vuestro convenio con el Seol no quedará en pie; cuando pase el azote abrumador, seréis su holladero.

La santa cena es el pacto de vida que vence la muerte, por eso nadie debe perder la oportunidad de participar de la mesa del Señor.

Por eso es que cada vez que participas de la cena del Señor, tienes revelación del Espíritu Santo que te permitirá sondear generaciones anteriores y recordar por el Espíritu, algo que habías dejado de percibir.

Hay gente que con sus propias palabras se ha atado con la muerte, en momentos de desesperación suplicó la muerte; eso es pacto con la muerte.

En mi familia tuvimos una experiencia que solamente el Espíritu Santo pudo llevarnos al discernimiento necesario y saber cómo romperla. Lo experimentamos con uno de mis hijos, en algún momento de su vida quiso suicidarse, a pesar de la enseñanza constante que mi esposa y yo le ministramos constantemente, llegó el jinete a buscar ese receptor ancestral y fue solamente por el discernimiento que recibimos en el mismo momento mi esposa y yo, que supimos que era lo que estaba sucediendo: el pacto de muerte que había hecho mi padre, quien se suicidó, había llegado a mi hijo; pero con esa revelación, ya con el entendimiento de qué estaba sucediendo, lo presenté en la Santa Cena para romper aquel pacto de muerte. Eso se lo expliqué a mi hijo para que él también anulara aquella situación de su vida en el nombre de Jesús. Por supuesto que también pasó el proceso de liberación que mi esposa y yo le hicimos a nuestro hijo.

1 Corintios 11:29-32 (BTX) Porque el que come y bebe sin discernir el cuerpo, juicio come y bebe para sí. **30** Por esto hay muchos débiles y enfermos entre vosotros, y bastantes duermen. **31** Si, pues, nos examináramos a nosotros mismos, no seríamos juzgados; **32** pero siendo juzgados, somos disciplinados por el Señor, para que no seamos condenados con el mundo.

Es por eso que en la mesa del Señor debes pedirle a Dios que te revele quién gestó el espíritu de muerte en tu vida, haya sido como haya sido, que te revele cómo y quién fue para poder renunciar a esa situación.

Tercer principio

Proverbios 10:2 (R60) Los tesoros de maldad no serán de provecho; Mas la justicia libra de muerte.

Proverbios 11:4 (LBA) De nada sirven las riquezas el día de la ira, pero la justicia libra de la muerte.

Proverbios 11:19 (LBA) El que persiste en la justicia alcanzará la vida, y el que va en pos del mal, su propia muerte.

Vivir en justicia, libra de la muerte.

Ahora puedes ver que hay algo jurídico legal en contra de la muerte porque entró en escena la palabra justicia.

Mucha gente se pone lazos, cuando trata de enriquecerse haciendo trampa en sus negocios y como consecuencia lo que les viene es la muerte.

¿Quieres vencer la muerte?, simplemente sé justo y vivirás, no te goces de hacer el mal bajo ningún punto de vista porque eso es un receptor de la muerte; no importa lo que te hayan hecho; Dios es quien dijo que de El es la venganza, no pierdas el gozo del Señor y sigue haciendo la justicia de Dios haciendo el bien en todo momento.

Cuarto principio

Proverbios 13:14 (LBA) La enseñanza del sabio es fuente de vida, para apartarse de los lazos de la muerte.

Proverbios 21:16 (LBA) El hombre que se aparta del camino del saber reposará en la asamblea de los muertos.

La sabiduría de Dios vence la muerte.

El principio de la sabiduría, es el temor a Jehová; aprendiendo cada día, siendo enseñados por los principios de la vida, con el verdadero poder del pacto de Dios que da vida a través de la sangre del Señor Jesucristo. Por eso no se puede interpretar la palabra a favor de aquel que la predica.

La congregación puede ser muy grande y dentro de ella puede haber gente que está luchando constantemente porque, aunque tiene mucha palabrería, puede ser doctrina solamente de hombre que está beneficiando solamente a su propio imperio, a su persona, fomentando la idolatría de una forma maquillada que al final lleva a que toda la congregación tenga sus oídos en lo que él dice y su palabra es la que vale solamente, pero su interpretación de la palabra de Dios, no son principios de vida que te estén librando del jinete de la muerte ni que se enseñe el principio del poder del pacto de la sangre de Jesús derramada en la cruz del calvario.

Es el Señor Jesucristo al que debe ponerse en alto por sobre todo, cuando esto sucede entonces se cumple lo que dice la Biblia:

Juan 3:30 (LBA) Es necesario que Él crezca, y que yo disminuya.

Pero cuando te apartas del camino de este verdadero conocimiento, puedes terminar en la asamblea de los muertos dice la Biblia.

Mucha gente se libra de peligros de muerte, de males, con sabiduría de Dios.

Quinto principio

Proverbios 14:27 (LBA) El temor del SEÑOR es fuente de vida, para evadir los lazos de la muerte.

El temor del Señor libra de la muerte.

El temor del Señor es como un sensor que te libra de la muerte, te hace apartarte de las cosas que conducen a la muerte.

Hoy declaro en el nombre de Jesús liberación sobre las personas que han deseado alguna vez morirse o las personas que vienen de familias donde las muertes son muy frecuentes por enfermedades o accidentes.

El Pacto de Vida y Borrador de Los Pactos de Muerte

Capítulo 7

Durante los primeros 5 capítulos de este libro, el enfoque fue explicar las diferentes formas de establecer pactos, convenios, alianzas, acuerdos. A partir de este capítulo, el enfoque será explicar los 9 elementos de pacto de vida a través de la sangre de Cristo, en el cual podrás ver que no tiene comparación con lo que hace el pacto de Satanás, así como también saber cómo romperlo en el nombre de Jesús con el poder de Su sangre.

También notarás que en las 2 últimas partes de esta serie, te enseñaré de los ritos satánicos y los niveles dentro de ese pacto, por ejemplo; es necesario analizar con precisión qué es un pacto, su relación con lo diabólico y también analizar la liberación de sus efectos.

Un pacto es una forma de contrato

El Diccionario Oxford de la Lengua Inglesa, define el pacto como acuerdo, convenio, es decir, un acuerdo entre personas o partes, un pacto.

En efecto, es esencialmente una forma de contrato que posee todos los elementos que normalmente tendría un contrato en lo secular.

Un elemento de todo contrato es su efecto y el efecto principal de un pacto con Satanás es que la persona se coloca a sí misma, bajo la estructura de poder del adversario o de algún otro demonio. Es por esa razón que se le puede denominar al pacto con Satanás como subyugación a aquella forma de influencia diabólica que implica un pacto con el diablo.

El término subyugar

Se define de la siguiente forma:

1.- Poner bajo el yugo o en estado de sujeción, reducir a la condición del sometido.

2.- Reducir a la servidumbre o someter a un control total, hacer sumiso o servil.

Por consiguiente, la subyugación en el contexto de lo diabólico implica 2 cosas:

1.- Que la persona se coloca bajo el dominio de un demonio con el fin de obtener algo.

2.- Que dicha acción conlleva una connotación negativa, es decir, que a la larga no beneficiará a la persona que ha celebrado el contrato con el diablo, ni espiritual ni temporalmente y esa es la razón por lo cual es necesario saber cómo romperlo a través del pacto de sangre de Cristo; por supuesto que el pacto con la sangre del Señor Jesucristo también tiene requisitos, siendo el primero el hecho de tener fe en Su sacrificio en la cruz del calvario, que Su sangre derramada es poderosa y que no hay nada que se compare a Su sangre. También es necesario añadirle el conocimiento de como funcionan los 9 elementos del pacto de la sangre del Señor Jesucristo para que puedas estar consciente de todo lo que tienes a tu disposición en el amor de Dios y así saber todo el alcance, profundidad, altura, anchura que tiene el poder del pacto del Señor Jesucristo.

De tal manera que, consciente a eso entonces puedas romper pactos de tinieblas, con la muerte, pactos o convenios con el reino de las tinieblas que incluso, por cuestiones de herencia, de negociaciones dentro de esos pactos, algunos de los ancestros hayan comprometido sus simientes o sus futuras generaciones y que por esa razón hay gente padeciendo de persecuciones, ataques, cosas que limitan su economía, salud, bienestar, productividad, su perseverancia, estabilidad, etc., son muchas las cosas que se ven estorbadas en esta generación con padecimientos que desconocen la razón que podría ser el hecho que sus ancestros pactaron con entidades de las tinieblas, aunque lo hayan hecho en total falta de conocimiento, igualmente cobran vigencia hasta esta generación.

Una vez presentada la introducción a este capítulo, te presento el versículo que usaré como base para empezar con el desarrollo:

Hebreos 8:13 Cuando Él dijo: Un nuevo pacto hizo anticuado al primero; y lo que se hace **anticuado** y **envejece**, está próximo a **desaparecer**.

Este pasaje describe un proceso de borrador, es decir, que en la medida que vas comprendiendo y creciendo en el pacto del Señor Jesucristo, se van borrando los pactos antiguos como los siguientes:

.- Las alianzas
.- Los votos
.- Las asociaciones
.- Los acuerdos, etc.

Obviamente, todo esto bajo una atmósfera de tinieblas; aunado a poder comprender qué es lo que está significando en el idioma griego, las principales palabras de Hebreos 8:13 como lo son, **anticuado, envejece** y **desaparecer**.

.- **Antiguo: palaioo (G3822)**, anular; quedar anticuado; dejar de estar en vigor; volverse obsoleto, pasado de moda. Traducido como antiguo, envejecer y envejecerá (**Hebreos 1:11**).

.- **Envejece: gerasko (G1095)**, envejecer; volverse viejo y débil.

.- **Desaparece: aphanismos (G854)**, eliminación; desaparición. Se usa sólo aquí, pero los griegos lo empleaban para referirse a leyes que quedaban obsoletas y eran abolidas. Eso me deja ver que la palabra desaparecer tiene una característica jurídica, es como quitar de un acta, ese punto contrario.

En la medida que vas creciendo en conocimiento del pacto nuevo, podrás notar que se borrarán los pactos antiguos, por supuesto que considerando que un pacto antiguo es como la cabeza principal y esto tiene sus ramificaciones que ya describí como lo son las alianzas, votos, etc.

El problema es cuando caes en la trampa del engaño de las tinieblas, porque eso te lleva a hacer alianzas con quien no debes, aunque sea con una persona que te parezca correcta, pero realmente no sabes quién está motivando o manipulando a esa persona, por lo cual te ves en riesgo de contaminación cuando el espíritu de aquella persona es más fuerte que el tuyo, porque uno de los dos será más fuerte y el otro más débil.

Cuando haces un voto lo haces en forma personal o individual y voluntariamente, pero por la misma razón que se hizo voluntariamente, quedó obligado a realizarlo. Esta situación también es necesario que aprendas a romperla.

Otras son las asociaciones que pudiste haber realizado con quien no debías, la Biblia misma hace referencia que no hay asociación entre la luz y las tinieblas y si tú perteneces al reino de Dios, no debes permitir que tengas asociaciones con alguien que no esté en el camino de Dios. Por supuesto que una asociación no es solamente entre dos personas que quieren emprender un negocio, sino que, una asociación puede ser sentimental y aunque pueda parecer muy sencillo o trivial, puede traer consecuencias desastrosas a la vida de una persona. Este es otro de los yugos que deben romperse porque un yugo es un sistema de transmisión de ideas; es tan fuerte que la idea a este respecto se tiene en 2 bueyes con un yugo que, al dejarse solos, el más fuerte llevará al más débil por el camino que el más fuerte quiere que vayan.

Pero en la ingeniería diabólica, lo que piensa una persona que lleva tinieblas en su corazón, influenciará a la otra que es de conciencia más débil cuando existe una asociación, porque es lo que se convertirá en un yugo de esclavitud; por eso es necesario romper con ese tipo de asociaciones, por supuesto que también debe considerarse romper con los acuerdos con personas que no son de tu mismo sentir con Dios porque hay una declaración jurídica que otorga la confirmación de que pueden ser borrados todos los pactos viejos.

El Poder Del Pacto De La Sangre De Cristo

Colosenses 2:14-15 (TPT) Habiendo **borrado el contrato legal** escrito de ordenanzas [decretos] que había contra nosotros, que nos era adverso y contrario, y habiéndolo quitado de en medio, clavándolo en la cruz; [15] Y despojándose de principados y potestades, los exhibió públicamente, triunfando sobre ellos en la cruz.

La razón por la cual no se logra entender el proceso jurídico, es porque de pronto no se nota que se está hablando de puntos que son precisamente jurídicos; el problema entonces es que se interpreta que Jesús lo hizo todo en la cruz del calvario y que no hay necesidad de nada, de ningún proceso donde se inicia el borrado de aquello que es contrario a la persona que lo está padeciendo. Por eso insisto en que debe pedirse al Espíritu Santo Su ayuda para poder leer con entendimiento porque si notas, el versículo 15 de la cita anterior, dice claramente que hubo un despojo a principados y potestades, no fue solamente el hecho de borrar el contrato legal en contra de aquella persona, sino que, hubo un despojo del derecho que se le había otorgado a entidades de las tinieblas y además ordenarles que se vayan lo cual es una liberación.

Por eso debes recordar que Dios Padre es jurídico por cuanto es juez, Dios Hijo, el Señor Jesucristo es abogado en la corte celestial y Dios Espíritu Santo también es abogado para ayudarte en la Tierra. También hay entidades que funcionan como el tribunal, autoridades que están presentes en un proceso jurídico y un fiscal que está acusando; todo ese escenario que puedes conocer en el plano terrenal es lo que tiene lugar también en el plano espiritual.

También debes considerar entonces que hablar de borrar pactos con la sangre de Cristo, no es lo mismo que hablar de una religión. Hablar de los pactos con el Señor Jesucristo es una situación sumamente profunda porque se debe borrar de tu sangre los códigos espirituales que escribieron con sangre en un rito satánico y la única sangre que tiene ese poder de volver a codificar correctamente lo que debe tener tu sangre, es la sangre derramada por Jesús en la cruz del calvario.

La gente que hace pactos con las tinieblas, no tienen claro lo que están haciendo porque si supieran que en ese pacto se está otorgando permisos, se está abriendo una puerta a un espíritu inmundo para que entre en la vida de aquella persona, en calidad de virus a cambiar la información que está en la molécula del ADN solamente que en el ámbito espiritual. Es lo mismo que sucede en lo físico, cuando un virus ingresa al cuerpo humano por cualquiera de las puertas que encuentre, viaja por todo el cuerpo humano llegando a la molécula del ADN para cambiar la información de lo que está originalmente, para implantar la suya.

En un pacto de las tinieblas, cuando se demanda sangre y es mezclada con la sangre del sacrificio o con la sangre del sacerdote de las tinieblas o del representante que es una persona poseída por Satanás, lo que tiene poder es la parte jurídico legal del ocultismo para codificar en la sangre porque en la memoria de la sangre se preservan los acuerdos espirituales con perfecta precisión, manteniendo su fuerza y efecto hasta que se aborde adecuadamente por medios espirituales para borrarlos.

Debes recordar que en los primeros capítulos de este libro estuve enseñando acerca de los pactos de sangre entre los cuales mencioné los siguientes:

.- Relaciones sexuales en ritos satánicos.
.- Sacrificios de animales en ritos.
.- Sacrificios de humanos: niños, vírgenes, adultos.
.- Abortos intencionales.
.- Relaciones sexuales ilícitas.
.- Heridas del cuerpo y cruce de sangre entre personas.

Todas estas cosas le dieron el derecho a los demonios a infectar la sangre humana con el código del pacto que se hizo.

Debería llamarte la atención que, la Biblia consta de 2 pactos; dentro de toda la Biblia se menciona muchas veces la palabra pacto, sin embargo, la mayoría de la cristiandad desconoce en su amplio significado en lo jurídico legal y espiritual de un pacto, muchos menosprecian lo que verdaderamente significa el poder de la sangre del Señor Jesucristo; otros no saben cómo usar ese pacto para anular la maldición que enfrentan a diario; aunque sepan que tienen ancestros que negociaron con las tinieblas, participaron de ritos satánicos, etc., no saben como anular esos pactos contrarios en sus vidas porque desconocen acerca del elemento jurídico legal del pacto de la sangre del Señor Jesucristo.

Colosenses 2:14 (EWB) Habiendo borrado **el contrato legal escrito de ordenanzas [decretos]** que había contra nosotros, que nos era adverso y contrario, y habiéndolo quitado de en medio, clavándolo en la cruz; 15 Y despojándose de principados y potestades, los exhibió públicamente, triunfando sobre ellos en la cruz.

Esta Biblia es la versión Bullingers, te la estoy presentando porque me llama la atención cómo los traductores describieron la parte que dejé resaltada.

El contrato legal:

Significa o incluye también a lo que hicieron los ancestros y que no había sido borrado.

Cuando los antepasados hicieron compromisos espirituales, pactos, acuerdos o dedicaciones espirituales; estos acuerdos se convirtieron en parte del ADN espiritual del linaje, creando obligaciones y consecuencias continuas que afectan a los descendientes, independientemente si comprenden esta herencia o no, o sea que, si alguien cree que con cerrar los ojos ante esas situaciones ya dejaron de afectarle; está equivocado porque afectará hasta que haya una contraorden espiritual con el poder que solamente tiene la sangre del Señor Jesucristo.

El Pacto Que Testifica

Cuando un pacto testifica en contra de un cristiano, se debe renunciar inmediatamente, ¿cómo?

Borrando lo que testifica en contra, renunciando y anulando, pero se debe hacer en Cristo. Un día recibiste a Jesús en tu corazón, ahora es tiempo de entrar a la parte de la renuncia a las cosas contrarias a tu vida porque la renuncia es el aviso al cielo, diciendo a las cortes celestiales, donde existe el régimen de los derechos espirituales; de manera que cuando renuncias al pacto de las tinieblas, estás declarando celestialmente que el pacto contrario está roto en el nombre de Jesús y estás pidiendo que el pacto de la sangre de Jesús, cumpla el veredicto de Cristo descrito en **Colosenses 2:14-15**, de tal manera que la renuncia es la forma de combatir toda infección demoniaca la cual se debe hacer cuantas veces sea necesario hasta que ese poder satánico sea anulado y no tenga más poder sobre tu persona.

El problema más común es cuando se está dirigiendo a una persona que se le ha manifestado el estorbo que pueda tener y se le dice que renuncie, pero la persona lo dice como si fuera cualquier cosa lo que ha dicho; no hay convencimiento con lo que se dice, y no se pronuncie con aquel celo que involucra su futuro, su familia.

La renuncia es la forma de combatir toda infección demoniaca y se debe hacer cuantas veces sea necesario hasta que esa infección ya no tenga más poder sobre aquella persona; dicho en otras palabras es como decir la constancia de la renuncia, hasta cuando dejes de ver aquellas consecuencias negativas, hasta que aquella adversidad que te bloqueaba en tu avance, se empiece a disipar, hasta que empieces a ver que aquello que retenía la promesa de Dios sobre tu vida, ya no estén detenidas, sino que lleguen a tu vida de una forma fluida y veas un cambio radical en tu vida.

La renuncia es notificarle al cielo que todo lo que hicieron tus ancestros y lo que tú hayas hecho en ignorancia haciéndote pactar con las tinieblas, queda anulado y estás suplicando que se haga cumplir el veredicto del Señor Jesucristo descrito en **Colosenses 2:14-15**. Un punto muy importante es que, cuando renuncies, seas guiado en esa renuncia, necesitas de alguien con la autoridad y poder de parte de Dios, para que lo hagas con las palabras judiciales, bíblicas y espirituales de autoridad y poder que te lleven a esa renuncia; porque si nunca has entrado en ese proceso, tus palabras puede ser que no suban a ningún lugar, que no tengan espíritu; debes hacerlo con el celo de Dios, con temor reverente, con fe, con el ímpetu, constantemente y que haya alguien que te guie.

Digo todo esto porque la palabra borrar, no la encontrarás en todas las versiones de la Biblia; no está explicado en concepto de la renuncia en la base de borrar.

Observa entonces lo que significa la palabra borrar:

[Borrar] Griego: exaleipho (G1813)

La alusión aquí es a borrar la tinta de un pergamino con un líquido como el ácido muriático, o borrar las tintas orientales de marfil quemado, corcho y goma con una esponja húmeda.

Esa palabra borrar, aparece nuevamente en este versículo:

Hechos 3:19 Arrepentíos, pues, y volveos a Mí, **para que sean borrados vuestros pecados**, a fin de que ...vengan de la presencia del Señor tiempos de refrigerio;

Borrar es el proceso de renunciar y anular; lamentablemente hay gente que no sabe interpretar el texto de **Colosenses 2:14-15**, la gente piensa en algo automático, como la salvación; quizá la salvación, pero no así la descontaminación. La gente quiere que con brazos cruzados sucedan las cosas; la realidad es que Cristo lo hizo, pero tú estás supuesto a realizar el proceso, porque Jesús hizo la parte jurídica legal, la habilitó para que la puedas ejecutar en Su nombre.

Santiago 4:7 Por tanto, someteos a Dios. Resistid, pues, al diablo y huirá de vosotros.

Si no hubiera nada que hacer de parte tuya, entonces ¿por qué dice la biblia, resistid al diablo?, lo que sucedió aquí es como si Dios te hubiera dicho: ahora tienes el potencial para resistir los ataques, los engaños, las artimañas del diablo porque Yo te activé para que lo puedas hacer en mi nombre.

El Poder Del Pacto De Sangre De Cristo

El significado del sacrificio de sangre

En cada pacto también había un sacrificio de sangre. La palabra pacto, en hebreo significa cortar hasta que fluya la sangre; de ahí entonces que, Jesús, quien era Dios encarnado, hizo un pacto contigo con Su propia sangre. Jesús realmente derramó Su propia sangre para pagar el castigo por tus pecados.

Hebreos 9:12 Y no por sangre de machos cabríos ni de becerros, sino por su propia sangre, entró una vez para siempre en el Lugar Santísimo, habiendo obtenido eterna redención.

La sangre del Señor Jesucristo es la única que tiene poder y rompe las maldiciones que puedan pesar sobre tu vida; compara la efectividad y el poder de la sangre de Jesús por medio de esta información:

Haciendo uso de cálculos que permiten ver la cantidad de sangre utilizada desde la caída del hombre hasta el derramamiento de la sangre de Jesús; puedes ver cuán eficaz es en ti ese pacto de Su sangre.

Dios me permitió escribir un libro hace varios años, el cual titulé, **El Alfa y La Omega de La Guerra**

Espiritual, en el cual detallé de una forma más minuciosa la profundidad del poder de la sangre de Jesús, pero lo que quiero dejar plasmado en este punto es lo siguiente:

.- Cristo derramó en la cruz del calvario, aproximadamente de 4.25 a 5.67 litros de sangre, esto según su constitución física, es decir que 5.67 litros son el equivalente a 1.5 galones. Menciono esto para que te hagas la idea de 1.5 galones de sangre contra toda la sangre que se derramó como sacrificio para el perdón de pecados; la gente de la antigüedad lo hizo mientras Dios Padre enviaba Su cordero santo. Pero entonces, los datos que puedes ver en la Biblia en esa relación de sangre que estoy mencionando, la puedes ver a continuación:

Las Evidencias Del Poder De La Sangre De Cristo

Esto es una equivalencia de la cantidad de gente que salió de Egipto cuando Dios envió a Moisés para liberar a Su pueblo Israel después de 400 años de esclavitud:

.- 600,000 esclavos en Egipto, contando padres e hijos fue el equivalente a 100,000 casas.

.- 100,000 casas marcadas con sangre, equivale a 100,000 corderos sacrificados, son el equivalente a

108,000 galones de sangre para salir de Egipto. Esto es en la base de considerar corderos de 1 año, que se supone que tenía una cantidad específica de sangre.

.- En los días de Moisés: se sacrificaban 2 corderos diarios, 1 por la mañana, 1 por la tarde por 40 años de (360 días cada año) equivale a 28,800 corderos sacrificados; siendo un total de 31,104 galones de sangre en el desierto.

.- En los días de Salomón para construir el templo 6 ½ años, tenían 22,000 vacas, 120,000 ovejas, 120,000 cabras = 262,000 animales; lo cual equivale a 290,270 galones de sangre.

.- Al dedicar Salomón el templo, dio a los sacerdotes 10,000 ovejas, lo cual equivale a 10,835 galones de sangre.

.- En los días de Zacarías sacrificaron en el altar 11,022 ovejas; lo cual corresponde a 10,206 galones de sangre.

.- En la Pascua de cada año se estima que se sacrificaban 300,000 corderos en Jerusalén, este número era simbólico por 100,000 corderos sacrificados en la primera Pascua y poner 3 marcas en cada casa; esto equivale a 324.000 galones de sangre.

.- David al llevar el Arca del pacto desde la casa de Obed-edom hasta Jerusalén, había un recorrido de 18 millas, en cada milla 416 paradas un total de 7,500 paradas, en cada parada un sacrificio de buey y cordero en total sacrificó 15,000 animales, lo que equivale a 13,800 galones de sangre.

Esto último, de las paradas del Arca del Pacto, son los datos utilizándos en la Biblia Jerusalén como referencia en **2 Samuel 6:13:** Cada 6 pasos que avanzaba los portadores sacrificaban un buey y un cordero.

De todos estos datos, ahora puedo presentarte la siguiente gráfica:

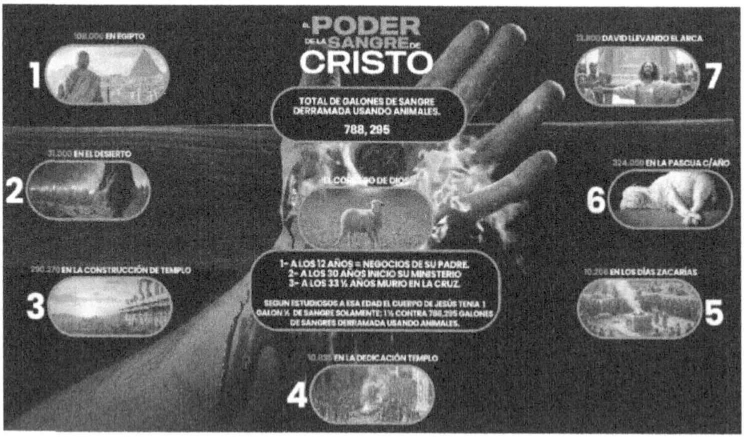

Nota entonces que, hubo un total de 788,295 galones de sangre, mientras que el cordero de Dios, el Señor Jesucristo a los 12 años se involucró en los negocios de Su padre, a los 30 años inició Su ministerio, a los 33.5 años murió en la cruz; según los estudiosos, a esa edad, el cuerpo de Jesús tenía solamente 1.5 galones de sangre lo cual ha sido suficiente para el perdón de pecados desde ese momento hasta hoy día; 1.5 galones de sangre santa contra 788,295 galones de sangre común podría decir.

Confirmación del Pacto de Sangre

Mateo 26:28 Porque esta es mi sangre del nuevo pacto, que es derramada por muchos para el perdón de los pecados.

Los 1.5 galones de sangre de Jesús sigue teniendo poder para romper todo pacto engañoso que alguien haya hecho con el reino de las tinieblas. Por eso es necesario que haya más conocimiento respecto a la forma de cómo funciona, tener el mayor entendimiento a este respecto para que seas un guerrero espiritual efectivo para tener la fe y para someterlo al proceso que borrará todo convenio, asociación, pacto, etc., que se haya hecho en la antigüedad o en este tiempo.

Los Componentes De Un Pacto

A manera de recordatorio, te presento los 9 componentes que tiene la sangre del Señor Jesucristo:

Todos estos componentes se pueden identificar en el Nuevo Pacto que Jesús hizo contigo a través de la cruz, y todos tienen importancia en nuestra relación con Él. Lamentablemente, muchos se enfocan solamente en la cena del Señor, olvidando todo lo que en ese momento se debe recordar; es por eso que considero que toda la información que estás aprendiendo a través de este libro, es de suma importancia; porque es como el momento en que alguien esté frente a un pacto con el reino de las tinieblas, aunque se escondan los elementos más importantes para que ese pacto tenga su cumplimiento, de todas formas se llegará a padecer las consecuencias a partir del momento en que se firme o formalice el pacto. Ahora bien, cómo puedes considerar entonces lo que el pacto de la sangre de Jesús significa, sino más fe, más carácter de perseverancia, más carácter de guerrero, etc., para saber que ese pacto tiene el poder que borra todo lo negativo del pacto con las tinieblas.

Los Componentes De Un Pacto

A continuación describiré los 9 componentes de un pacto:

1.- Promesas del Pacto

Cuatro razones principales para elegir un pacto con alguien, estas incluyen:

.- El deseo de una relación.
.- Protección.
.- Confianza.
.- Amor.

Cuando dos partes hacen un pacto, se garantiza que cada una puede esperar fidelidad, lealtad y confiabilidad de la otra. Por supuesto que si tú esperas eso del Señor Jesucristo, Él también espera eso de ti.

Por eso es que, si has hecho un pacto con el Señor Jesucristo, lo primero es que desees tener una relación con El y saber que en esa relación debe haber un reconocimiento de que Él es el mayor y que es quien le pone el valor, el significado, la grandeza a ese pacto. Cuando llegas a ese entendimiento entonces te ofrece protección donde surge la confianza hasta llegar al amor.

En el Antiguo Testamento, también se hicieron promesas mutuamente y el pacto que establecieron se extendió por muchas generaciones, por ejemplo, el pacto hecho entre David y Jonatán; sin embargo, dice la Biblia que en el Nuevo Pacto son mejores las promesas.

1 Samuel 20:16 Jonatán, pues, hizo un pacto con la casa de David, diciendo: El SEÑOR lo demande de la mano de los enemigos de David. 17 Y Jonatán hizo jurar a David otra vez a causa de su amor por él, pues le amaba como a sí mismo.

Un pacto con alguien, significaba que también lo honraría con su familia hasta por 7 generaciones. En el caso de David ya estando en el trono de Israel, le brindó un buen trato a Mefiboset quien era de la casa de Jonatán.

2 Samuel 9:3 Y el rey dijo: **¿No ha quedado nadie de la casa de Saúl, á quien haga yo misericordia de Dios?** Y Siba respondió al rey:

Aun ha quedado un hijo de Jonathán, lisiado de los pies.

2 Samuel 9:6-9 (LBA) Y Mefiboset, hijo de Jonatán, hijo de Saúl, vino a David, y cayendo sobre su rostro, se postró. Y David dijo: Mefiboset. Y este respondió: He aquí tu siervo. [7] **David le dijo: No temas, porque ciertamente te mostraré bondad por amor a tu padre Jonatán, y te devolveré toda la tierra de tu abuelo Saúl; y tú comerás siempre a mi mesa.** [8] Se postró él de nuevo, y dijo: ¿Quién es tu siervo, para que tomes en cuenta a un perro muerto como yo? [9] Entonces el rey llamó a Siba, siervo de Saúl, y le dijo: **Todo lo que pertenecía a Saúl y a su casa, lo he dado al nieto de tu señor.**

.- Cuando Jonatán murió, el pacto de David con él se extendió a su hijo Mefiboset y nieto de Saúl por amor a Jonatán y el pacto.

.- David cuidó y trató a Mefiboset como a un rey.

.- Esto deja claro que los pactos son un asunto serio y deben cumplirse.

Reflexión

Hacer y vivir en pacto con Dios, le dará a tu familia la oportunidad que Dios les conceda misericordia, aunque ellos vivan ahorita con actitudes no santas, pero por el pacto que tienes con Dios y lo honras, Él también lo honrará bendiciendo a tu familia con esas consideraciones.

Por eso debes considerar que, si eres fiel a Dios, si anhelas tener esa relación íntima con Dios honrándolo en todo momento, Él cuidará de ti y toda tu familia aunque algunos no estén en Sus caminos.

2.- Un Sacrificio de Sangre

.- La palabra pacto en hebreo, significa literalmente cortar hasta que fluya la sangre.

.- En todo pacto, siempre había algún tipo de sacrificio de sangre.

.- No podía haber pacto sin derramamiento de sangre.

Normalmente, al establecer un pacto, se cortaba un animal por la columna vertebral y las dos mitades del cuerpo del animal sacrificado se colocaban una al lado de la otra para formar un camino en medio, dejando un rastro de sangre en el suelo entre los pedazos.

Esto lo puedes ver que **Génesis 15** cuando Abraham mató a varios animales y colocó sus mitades en posición para preparar un pacto con

Dios; esto era el sacrificio de sangre. Curiosamente, la razón por la que Abraham fue llamado amigo de Dios, fue porque Dios hizo un pacto con él.

1 Corintios 11:25 ...Esta copa es el nuevo pacto en mi sangre...

Pacto: H1285 berít de H1262 (en el sentido de cortante [como H1254]); pacto (porque se hace pasando en medio de pedazos de carne): aliado, convenir, hacer alianza, pacto, prometer.

3.- Un Camino de Sangre

Para que hubiera sangre, debía hacerse un sacrificio de sangre.

Cuando Dios hizo Su pacto con Abraham, Abraham sacrificó todos los animales y colocó sus mitades en el suelo.

.- Una vez sacrificados los animales eran colocados sus trozos en el suelo, quienes hacían el pacto solían tomarse de la mano y caminar entre los trozos por el sendero sangriento.

.- Esto simbolizaba la muerte al yo propio de ambos cónyuges, cada uno muriendo a sí mismo y la unión entre ellos.

.- Con frecuencia, testigos de ambos lados asistían para presenciar el evento del pacto de sangre, por supuesto que estoy refiriéndome a la costumbre del Antiguo Testamento, de lo cual casi nadie lo hace ver a detalle, solamente se presenta una figura de forma pasajera, pasando por alto los detalles que están presentes en el sacrificio del cordero santo de Dios.

Génesis 15:9-10 Dios le respondió: Tráeme una novilla de tres años, una cabra de tres años, un carnero de tres años, una tórtola y un pichón. **10** Él le trajo todos estos y **los partió por la mitad**, y puso cada mitad enfrente de la otra; mas no partió las aves.

Génesis 15:12 Y sucedió que a la puesta del sol un profundo **sueño cayó sobre Abram**, y he aquí que el terror de una gran oscuridad cayó sobre él.

Génesis 15:17-18 Y aconteció que cuando el sol ya se había puesto, hubo densas tinieblas, y he aquí, apareció un horno humeante y **una antorcha de fuego que pasó por entre las mitades de los animales**. **18** En aquel día **el SEÑOR hizo un pacto con Abram**, diciendo: A tu descendencia he dado esta tierra, desde el río de Egipto hasta el río grande, el río Eufrates...

Nota estos detalles:

Versículo 10: Abram partió los animales.

Versículo 12: Sueño cayó sobre Abram: Dios trajo un sueño inmovilizador sobre Abram, de modo que no pudo moverse.

Versículo 17: Una antorcha de fuego que pasó por entre las mitades de los animales: Estas imágenes representaban la presencia de Dios.

Abram, desde su estado de trance, observó cómo Dios mismo y solo, caminaba entre los animales sacrificados, no obstante que lo típico era que ambos, los que habían hecho un pacto, caminaran en medio del sacrificio; pero Dios hizo que Abram cayera en un sueño profundo para que viera cómo caminaba Dios solamente en medio de ese sacrificio, por lo que dice en el siguiente versículo.

Versículo 18: Dios hizo el pacto consigo mismo: Esto es lo que se conoce como el Pacto Abrahámico.

Lo que Dios estaba diciendo es que Él no le fallaría a Abram porque había hecho un pacto consigo mismo precisamente en no fallarle a Abram; esto lo puedes comprender como lo que dice el siguiente versículo:

Hebreos 6:13 (LBA) Pues cuando Dios hizo la promesa a Abraham, **no pudiendo jurar por uno mayor, juró por sí mismo**...

Eso fue una sombra del hecho cuando Jesús fue a la cruz sin que alguien más lo acompañara pasando por todo el sacrificio que hoy sigue vigente en lo que conoces como el Nuevo Pacto y Su sangre sigue fresca después de más de 2,000 años.

Hebreos 6:13 Pues cuando Dios hizo la promesa a Abraham, **no pudiendo jurar por uno mayor, juró por sí mismo...**

Juró – Omnuo

Significa: Hacer una promesa inquebrantable.

Dios hizo una promesa inquebrantable por sí mismo, que en griego significa literalmente, por sí mismo; sobre la base de sí mismo; según sí mismo.

.- Básicamente, Dios se paró en medio de esas piezas, miró a Abraham y le dijo: Estoy decidido a bendecirte.

.- Significa: nadie más participó en la promesa hecha por Dios.

Dios continuó en el siguiente versículo diciendo:

Hebreos 6:14 De cierto te bendeciré con abundancia y te multiplicaré con abundancia.

Hebreos 6:17 Por lo cual Dios, deseando mostrar más plenamente a los herederos de la promesa la inmutabilidad de su propósito, **lo confirmó mediante juramento**...

Juramento – Horkos

Significa: describe un juramento que nos ata perpetuamente; un juramento del que no hay escapatoria.

.- Dios hablándole a Abram le dice: Voy a multiplicarte a pesar de todos los errores que has cometido. Yo mismo te he elegido.

.- Esto significa que Dios prometió en su propio nombre nunca alejarse de Abram, sin importar lo que hiciera.

La circuncisión de Abram

Más tarde, Dios le exigió a Abram que participara en la parte sangrienta del pacto mediante la circuncisión.

Esta circuncisión significó que cada vez que Abram se viera a sí mismo en privado, recordaría su pacto con Dios.

Era un recordatorio ineludible, en lo más íntimo, de quién era él para Dios.

Génesis 17:24 Abraham tenía noventa y nueve años cuando fue circuncidado en la carne de su prepucio (*Y toda su descendencia*).

¿Qué es una Posesión Demoniaca Cuando se ha Vendido El Alma Al diablo?

Capítulo 8

Dentro del desarrollo que verás a continuación, una de las cosas más importantes es el hecho de saber que no cualquiera puede vender su alma al diablo, sino que, para que se lleve a cabo ese acto, debe haber primero un pacto satánico; por consiguiente es algo que no lo divulgará la persona que haya caído en ese error por la misma demanda que el pacto establece, porque le es necesario pasar por desapercibido en la sociedad por conveniencia para el reino de las tinieblas.

Por otro lado, las personas que divulgan que han hecho un pacto con Satanás, son sencillamente charlatanes, quizá practican el espiritismo, pero no llegan al nivel de hacer pacto con Satanás, porque no tienen la consciencia de lo que el reino de las tinieblas demanda; pero se pueden discernir en el ambiente, en la sociedad misma por cuanto ocupan posiciones en las diferentes áreas de la vida.

Por esa razón es que debes aprender los principios de guerra espiritual con el aval que la Biblia permite, con el propósito que, cuando salgas a la guerra espiritual, puedas volver victorioso en el nombre de Jesús, porque si eres movido por métodos humanistas en una guerra espiritual, lo más seguro es que el reino de las tinieblas vean que no estás siendo guiado por el Espíritu Santo y consecuentemente seas derribado; por eso mismo dice la Biblia lo siguiente:

Zacarías 4:6 (LBA) Continuó él, y me dijo: Esta es la palabra del SEÑOR a Zorobabel: «**No por el poder ni por la fuerza, sino por mi Espíritu» —dice el SEÑOR de los ejércitos**.

Además, dice la Biblia que las armas con las que vas a guerrear espiritualmente son de origen espiritual:

2 Corintios 10:4 (LBA) ...porque las armas de nuestra contienda no son carnales, sino poderosas en Dios para la destrucción de fortalezas...

Sin embargo, es necesario que estés debidamente equipado y seas conocedor de los principios de guerra espiritual con los que debes salir a batallar porque es de esa forma como el adversario notará que verdaderamente eres un guerrero espiritual, miembro del ejército de Dios el cual es dirigido por el Varón de guerra cuyo nombre es Jehová de los ejércitos.

También debo decir que, este es el tiempo de incremento de las obras de las tinieblas, sin que esté magnificando a Satanás, pero si debes reconocer que se requiere de un mayor entendimiento de las armas de luz.

Para iniciar propiamente con el desarrollo de este capítulo, verás a continuación el versículo base:

Colosenses 2:14-15 (EWB) Habiendo borrado **el contrato legal escrito de ordenanzas [decretos]** que había contra nosotros, que nos era adverso y contrario, y habiéndolo quitado de en medio, clavándolo en la cruz; [15] Y despojándose de principados y potestades, los exhibió públicamente, triunfando sobre ellos en la cruz.

El contrato legal significa o incluye también a los contratos que tus ancestros hicieron y que aún no se habían borrado, por consiguiente, esos contratos o pactos se convirtieron en parte del ADN espiritual del linaje con lo cual se crearon obligaciones y consecuencias continuas que afectan a los descendientes, independientemente si llegas a comprender esa herencia o no.

El problema con herencias ancestrales donde hubo la negociación de cualquier cosa que al reino de las tinieblas a través de mentira le haya interesado intercambiar por el alma, me refiero a que pudo haber un ofrecimiento del alma de aquella persona a cambio de tener cosas pasajeras, pudo haber incluido la salud, dinero, tener atractivo sexual independientemente si es hombre o mujer, etc., en su momento llegará el acreedor de parte de las tinieblas para hacer el cobro respectivo, aún ancestralmente.

Para concretar el pacto de aquella persona con las tinieblas, pudo haber ingerido un brebaje de cualquier índole; en ese momento le abrió la puerta espiritual a las tinieblas, aunque la persona no lo pueda percibir, está en el escenario un espíritu que actua como si fuera un virus que opera en calidad de agente patógeno en el ambiente, atacando de afuera hacia adentro y que pueden entrar por las aperturas que encuentran en un cuerpo, por ejemplo, las fosas nasales, oídos, ojos, boca, órganos genitales, etc. Esta sería la dinámica en la que opera un virus la cual me servirá para explicarte la dinámica en la que tambien opera un espíritu inmundo.

Lo que hace un virus al entrar al organismo, es que infecta el cuerpo de tal manera que llega directamente a la molécula del ADN de aquella persona para cambiar la información con que fue creada originalmente, lo hace con el propósito de dañar a la persona y sus generaciones siguientes por cuanto su propósito fue cambiar aquella programación precisamente para que se propagara de esa manera, con la alteración que sufrió. Así es como trabajan los virus para debilitar el sistema inmunológico para que no haya defensas lo suficientemente fuertes para anular el ataque de aquel virus.

Lo interesante en todo esto es que, en el **Salmo 91:3**, puedes ver en las diferentes traducciones de la Biblia, que algunas hacen referencia de forma muy directa a la manera en que puedes ser librado de la operación de virus.

En el reino de las tinieblas hay entidades que, sin ser virus, trabajan bajo el modo operativo de los virus. Es por eso que, cuando una persona obedece a los requisitos de la negociación; en ese momento se abre una puerta espiritual para dañar la vida de esa persona que le cambió la molécula del ADN espiritual, de tal manera que, cuando esa persona engendra la siguiente generación, aquellas personas de la nueva generación estarán afectados por el pacto que realizó su ancestro sin importar que tan cerca o lejos esté en su cronología.

El mayor problema es cuando la persona que originalmente pactó con las tinieblas, muere sin haber confesado aquel problema, sin haberlo roto; porque a las tinieblas no les interesa quien fuera aquella persona en vida, sino que se enfoca en buscar a sus descendientes, es ahí donde se inicia la persecución ancestral de parte del reino de las tinieblas dando inicio a la batalla con situaciones propiamente de cobro de parte del reino de las tinieblas por lo que le brindaron a la persona con la que se pactó originalmente.

Si la persona que hizo el pacto con el reino de las tinieblas, involucraba buenas finanzas, buenos negocios, buena salud, etc., ahora la persecución ancestral viene por todo lo contrario de lo que le dieron al que hizo el pacto, o sea, ahora viene crisis económica, los negocios no fructifican aunque estén debidamente planificados, enfermedad, etc., esa situación de persecución continuará hasta que llegue el momento del rompimiento de aquel pacto. Por supuesto que dentro de ese rompimiento está el hecho de renunciar a aquella situación, confesarlo, romper propiamente con un documento; todo eso es parte del rompimiento de un pacto con las tinieblas.

Lo importante ahora es comprender que Jesús te ha concedido el derecho para romper con ese pacto ancestral, aunque realmente el proceso de la limpieza te corresponde a ti; Dios hizo todo lo que nunca ibas a poder hacer como el hecho de morir en la cruz, derramar sangre santa, sufrir las heridas, someterse a la voluntad de Dios Padre, cargar con tus pecados, decirle a las potestades que El las conquistó con su muerte; todo eso era imposible para ti y fue por eso que Jesús ocupó tu lugar; sin embargo, hoy te corresponde el proceso de limpieza el cual es muy necesario, por eso puedes ver claramente lo que dice la Biblia a este respecto:

Romanos 6:12 (LBA) Por tanto, **no reine el pecado** en vuestro cuerpo mortal para que no obedezcáis sus lujurias...

El Señor Jesucristo le quitó el reinado que tenía Satanás sobre tu vida, no obstante aún hay cosas que debes trabajar en tu vida como lo deja ver esta cita:

Romanos 7:18-20 (LBA) Porque yo sé que en mí,
es decir, en mi carne, no habita nada bueno; porque
el querer está presente en mí, pero el hacer el bien,
no. 19 Pues no hago el bien que deseo, sino que el
mal que no quiero, eso practico. 20 Y si lo que no
quiero hacer, eso hago, ya no soy yo el que lo hace,
sino el pecado que habita en mí.

Una cosa es que el pecado reine, que te gobierne haciendo que peques de forma habitual y otra cosa es que haya vestigios de aquella vida pasada de la que fuiste rescatado y que es entonces toda esa situación que tienes que erradicar en los procesos de liberación y sanidad interior; además del poder del pacto de la sangre de Jesús derramada en la cruz del calvario, la limpieza que obtienes a través de Su sangre que viene a tu vida es la que te lleva en ese proceso hasta que quedes completamente libre de aquellos contratos y decretos que tus ancestros pudieron haber hecho.

Seguramente a estas alturas de lo que has leído te preguntarás por qué no has sido libre con todo lo que ya has hecho porque de alguna forma hay pensamientos erróneos de cómo se desarrollan las cosas, que hacen que vayas aferrándote a una verdad; sin embargo, también necesitas saber que esa verdad tiene un sentido que debes alcanzarlo de manera responsable y amplio en el conocimiento, porque seguramente habrás escuchado decir a muchos que por la fe ya son libres, pero aún al decir que es por la fe, no está diciendo que sea automático al pronunciar esa palabra de dos letras, sino que, la fe te ayudará a permanecer creyendo en el sacrificio de Jesús pero no te exonera del proceso de la descontaminación.

Por eso, sin proceso de descontaminación, aunque ya tengas el derecho del sacrificio de Jesús a favor tuyo, podría ser que aún tengas los estragos de aquel pacto ancestral; la única forma para estar seguro que finalmente has sido libre, es a través de la vivencia que aquellos estragos te han dejado por completo en una verdadera libertad o por lo menos que no estén en un nivel de tanta preocupación, angustia, problemas financieros que a pesar de estarte esforzando tanto, no hay modo que encuentres el final de aquella situación que no te deja salir de la pobreza, también puede ser que la enfermedad no te deje a pesar de todo lo que has hecho médica como espiritualmente hablando. En el momento que puedes verificar que has salido de aquella rutina y que los problemas no son constantes, sino que, vienen pero puedes solucionarlos; entonces será cuando ya estés en otro nivel de vida.

Insisto en la necesidad del proceso del pacto del Señor Jesucristo el cual debes estarlo viviendo en el cumplimiento de los 9 elementos que encierra Dios en Su sacrificio y en la obediencia de las cosas que debes hacer si dices que estás en el pacto de Cristo.

A continuación te presento una cita que presenta el concepto de lo que dice Colosenses 2:14-15 la cual te presenté anteriormente:

Hebreos 8:13 Cuando Él dijo: Un nuevo pacto, hizo **anticuado** al primero; y lo que se hace anticuado y **envejece**, está próximo a **desaparecer**.

Nota entonces que, el pacto con el Señor Jesucristo hace anticuado al otro, le quita el derecho, lo hace que envejezca hasta desaparecer, tiene que entrar en una decadencia, acortando su proceso que con mayor auge dominaba por razones del pacto que tuvo originalmente; pero ahora, con el sacrificio de Jesús perdió el derecho y lo hizo anticuado para posteriormente envejecer hasta que finalmente desaparece del todo y no haya batallas como al principio.

Por eso, un buen ejemplo es el estado de salud de una persona; está sana o está enferma, no existen términos medios; lo mismo sucede con abolir el decreto que ha sido contrario; quedas libre o sigues bajo esclavitud a consecuencia del pacto con las tinieblas que por alguna razón sigue vigente, lo cual no puede ser si verdaderamente te has sometido al nuevo pacto del Señor Jesucristo con lo cual inicia el proceso reversible hasta alcanzar la verdadera libertad como lo deja ver **Hebreos 8:13**.

Debes saber que, el libro de Hebreos fue escrito por el Apóstol Pablo, quien tenía que ser muy conocedor de las cosas sacerdotales, perito arquitecto de la Iglesia, no era solamente un especialista en la Torá, sino que también se familiarizó, creció su entendimiento y sabiduría en lo concerniente al ámbito sacerdotal.

A continuación encontrarás el significado de los términos más importantes de Hebreos 8:13 de acuerdo a lo que dicen los diccionarios bíblicos:

.- **Antiguo: palaioo (G3822)**, anular; quedar anticuado; dejar de estar en vigor; volverse obsoleto, pasado de moda. Traducido como antiguo y envejecer o envejecerá (**Hebreos 1:11**).

.- **Envejece: gerasko (G1095)**, envejecer; volverse viejo y débil.

.- **Desaparece: aphanismos (G854)**, eliminación; desaparición. Se usa sólo aquí, pero los griegos lo empleaban para referirse a leyes que quedaban obsoletas y eran abolidas.

Este pasaje describe un proceso de borrador, es decir que, en la medida que comprendes y creces en el pacto, estás haciendo lo que borra los pactos viejos.

Los Seis Componentes Complementarios

Como recordarás en el capítulo anterior, describí hasta el tercer componente; a partir de este punto iniciaré a describir los componentes complementarios, de manera que a continuación encontrarás ese reinicio con el cuarto componente:

4.- BENDICIONES Y MALDICIONES

Cuando escuchas hablar de pacto, debes saber que esa palabra es como llevar en una palabra una serie de acontecimientos, en este caso, acontecimientos de bendición de parte de Dios y que fue Jesús precursor de todas las bendiciones que están destinadas a tu vida dentro de las cuales incluye el hecho de romper con pactos antiguos y darte la oportunidad de una vida nueva en Él con un cúmulo de bendiciones, pero lo más interesante es el hecho que todo eso tuvo lugar en el sacrificio de Jesús en la cruz del calvario.

Por supuesto que, de alguna forma puedo decir que el plan inició en Abraham por el pacto que Dios tuvo que él bendiciendo su descendencia de donde llegaron las 12 tribus de Israel y muy específicamente de la tribu de Judá viene Jesús y es Él quien yendo a la cruz establece el nuevo pacto para que tengas hoy la oportunidad de ese nuevo pacto y así conjugar todos los elementos revelados en el pacto que le mostró Dios a Abraham.

¿Qué es lo que dice este componente?

.- Los socios que hacían un pacto juntos se comprometían mutuamente con un compromiso eterno, que incluía un flujo continuo de bendiciones.

.- También reconocían las maldiciones del castigo por romper el pacto.

.- Con frecuencia, esto se entendía como la maldición de muerte que recaería sobre quienes fueran infieles al pacto o lo rompieran.

El texto que describe lo que se pierde al quebrantar el pacto, o sea una apostasía irreversible, es el siguiente, no obstante que también hay un quebrantamiento o apostasía reversible lo cual dependerá de cierto ataque a la vida de aquella persona porque si en tal caso hay un arrepentimiento de haberse apartado del camino de Dios, entonces eso será una apostasía reversible, pero cuando haya una situación que los lleve cada vez a alejarse más de Dios, ahí será una apostasía irreversible:

Hebreos 6:4-6 Porque en el caso de los que fueron una vez **iluminados**, que probaron del **don celestial** y fueron hechos **partícipes del Espíritu Santo**, 5 que gustaron **la buena palabra** de Dios y los **poderes del siglo**

venidero, [6] pero después cayeron, es imposible renovarlos otra vez para arrepentimiento, puesto que de nuevo crucifican para sí mismos al Hijo de Dios y le exponen a la ignominia pública.

Los 5 puntos que conllevan a una apostasía irreversible, son los siguientes:

1.- Fueron iluminados.
2.- Gustaron del don celestial.
3.- Participes del Espíritu Santo.
4.- Gustaron de la buena palabra.
5.- Tuvieron experiencias de los poderes del siglo venidero.

Cuando la Biblia está haciendo referencia al siglo venidero, son experiencias de cosas que no son propias de ese momento sino de algo que aún está por venir; pero de alguna forma Dios permite que se experimenten y cuando esas personas las menosprecian, están cayendo en una apostasía irreversible.

Un ejemplo de los poderes del siglo venidero puede ser la salud divina, no la sanidad divina porque la sanidad divina Dios la permite sobre la enfermedad, pero la salud divina es cuando no hay enfermedad. Otro ejemplo es la comida que no dañe a ninguno, mientras que hoy debe haber un control para que no haya enfermedades de salud. A esto es a lo que se refiere el punto 5, gente que pudo experimentar poderes del siglo venidero y aun así violaron el pacto y es entonces cuando se les considera un rompimiento de pacto irreversible o una apostasía irreversible.

.- Esto nos lleva a lo que el Apóstol Pablo escribió sobre la mesa del Señor Jesucristo.

En este punto me refiero a lo siguiente:

1 Corintios 11:27-30 De manera que el que coma el pan o beba la copa del Señor indignamente, será culpable del cuerpo y de la sangre del Señor. **28** Por tanto, **examínese cada uno a sí mismo**, y entonces coma del pan y beba de la copa. **29** Porque el que come y bebe sin discernir correctamente el cuerpo del Señor, come y bebe juicio para sí. **30** Por esta razón hay muchos débiles y enfermos entre vosotros, y muchos **duermen**.

.- En esencia, esto significa que si no cumples con tu compromiso en el pacto con Dios, puedes cosechar consecuencias negativas porque realmente en el pan y vino del momento cuando estás recordando la cena del Señor, puedes enfrentar consecuencias muy lamentables.

.- Esto es lo que la Biblia dice con cada pacto que se ha hecho.

.- Las bendiciones asociadas al pacto pertenecían a quienes permanecían fieles a Él.

.- Si permaneces fiel al pacto con Dios, será entonces el inicio del rompimiento de todo aquello que pese contra ti, por eso es necesario celebrar la cena del Señor pero con la debida reverencia.

El siguiente componente está en referencia a la sangre:

5.- LA MEZCLA DE SANGRE

.- En todo pacto siempre existía la mezcla de sangre.

Existen cosas que aún no hay mucha luz al respecto como puede ser la mezcla de sangre en un pacto. Quizá no encuentres en la Biblia un versículo de forma específica en que lo señale de forma directa, sin embargo, está la revelación para saber las cosas con relación a la sangre y cuerpo de Jesús.

.- La sangre descrita en la Biblia y en muchas culturas antiguas, simboliza la vida.

.- Un pacto simboliza tomar la sangre de otra persona, por lo tanto, adquirir su vida.

Aquí puede surgir la interrogante, ¿de dónde viene la idea en nuestras culturas respecto a que dos personas se hagan una herida en su cuerpo y una vez que esté fluyendo la sangre, las mezclen?, eso tiene que venir de una costumbre de pactos; es como decir el hecho de unir dos vidas.

Juan 6:56 El que come mi carne y bebe mi sangre, permanece en mí y yo en él.

Debo insistir en que, cuando alguien daba su sangre, representaba la entrega de su vida, lo cual también lo puedes ver en el Antiguo Testamento:

Levítico 17:11 dice: Porque la vida de la carne en la sangre está…

Nuevamente lo menciona el Nuevo Testamento:

Juan 6:53 Entonces Jesús les dijo: En verdad, en verdad os digo: si no coméis la carne del Hijo del Hombre y bebéis su sangre, no tenéis vida en vosotros.

La gente que escuchó esto, no lo aceptaba, no obstante que para ese momento ya existía un legado de esa costumbre; inclusive estaba representado en el sacrificio que hacían con los animales que se ofrecían en sacrificio. Sin embargo, cuando ves lo arcaico que son los pactos, puedes encontrar que se realizaban con sangre, por supuesto no visto desde lo macabro que podía ser utilizado también; pero realmente los pactos están íntimamente relacionados con derramamiento de sangre, en donde debe haber mezcla de sangre.

El problema en aquel entonces fue que, la gente no llegó a comprender las palabras de Jesús, porque lo que Él estaba diciendo es que, a la práctica de comer el pan y el vino en memoria de Su sacrificio, estarían bebiendo Su sangre y comiendo Su cuerpo, lo que llegaría entonces a mezclarse con la sangre de ellos y que hoy al celebrar la cena del Señor, eso es lo que está sucediendo y es con la sangre poderosa y divina que hoy tienes la oportunidad de borrar lo que tu ADN negativo heredado por el pacto que tus ancestros hicieron en el pasado y que toda la información que alteró ese ADN, las herencias ancestrales de iniquidad, etc., hoy sea procesado a una restauración por el poder de la sangre de Jesús.

.- Al tomar la sangre de otra persona, literalmente se convertían en partícipes de su vida y naturaleza.

.- De esta manera, dos personas sin parentesco, podían convertirse en una sola carne y sangre.

.- En el mundo antiguo, esta práctica a menudo se llamaba, hermanamiento, porque unía a dos personas en una relación de sangre de uno solo. Por eso dice la Biblia que el Señor Jesucristo es nuestro hermano por la mezcla de Su poderosa sangre con la tuya.

Nota esto: Jesús con Su sangre real, te incorpora a la familia real, divina y espiritualmente, te injerta en el árbol donde la raíz es Dios que cada vez que ve tu vida, puede notar el crecimiento del conocimiento y entendimiento que vas alcanzando en el pacto por esa vivencia que tienes de forma reverente por sobre todo y por lo que eso significa, puede notar más la sangre de Su Hijo en ti; y en la medida que esa sangre se incrementa en ti, las maldiciones que pesaban sobre tu vida, se van envejeciendo hasta que finalmente desaparecen como lo pudiste ver anteriormente.

.- Era una transacción muy real y legal que no se tomaba a la ligera.

1 Corintios 11:25 ...Esta copa es el nuevo pacto en mi sangre…

Una transfusión de sangre no cambia el ADN del receptor; aunque en pequeñas cantidades de ADN del donante (de los glóbulos blancos), pueden detectarse temporalmente en la sangre del paciente, pero esto no altera el código genético propio; permanece inalterado. El ADN donado suele desaparecer tras unos días.

Diferente con trasplante de médula; porque un trasplante de médula ósea, puede cambiar el ADN en la sangre, pero no el ADN de los tejidos del cuerpo.

El siguiente componente es este:

6.- EL INTERCAMBIO DE NOMBRES

.- Junto con el sacrificio de sangre, las bendiciones, maldiciones y la mezcla de sangre, también se realizaban en una mezcla o intercambio de nombres para indicar un pacto.

.- Ambos cónyuges podían añadir el nombre del otro al suyo o uno podía adoptar el nombre del otro, una práctica que aún hoy es común en el pacto matrimonial.

.- En el Antiguo Testamento, cuando Dios hizo un pacto con Abram, cambió el nombre de Abram a Abraham y el de Sarai a Sarah.

Es muy interesante que, tanto a Abram como a Sarai, Dios les inserta la letra **H**, la cual también está en el nombre de Dios conocido como el tetragrámaton, en la tradición bíblica hebrea compuesto por cuatro letras: **YHWH**, la letra que es conocida como **H**, es el aliento, la influencia, el aroma de Dios. Entonces, todos los que entran en pacto con Jesús, les cambió el nombre:

.- El de Saulo a Pablo, de Simón a Pedro; también en el Antiguo Testamento puedes ver que Jacob cambio su nombre a Israel. Por esa misma razón debes comprender que la Iglesia lleva el nombre de Cristo, se llama, Iglesia de Cristo.

La importancia de cambiar de nombre

Cuando recibes a Jesús, te dio Su nombre para que lo usaras:

Juan 14:13 Y todo lo que pidáis al Padre en mi nombre, lo haré, para que el Padre sea glorificado en el Hijo.

Para asegurarse de que lo escucharas, Jesús repite en el siguiente versículo:

Juan 14:14 Si algo pidiereis en mi nombre, yo lo haré.

Cuando participas del cuerpo y la sangre de Jesús, entras en pacto con Él, recibes el nombre que está por encima de todo nombre.

Filipenses 2:9 Por lo cual Dios también le exaltó hasta lo sumo, y le confirió el nombre que es sobre todo nombre...

En el nombre de Jesús puedes sanar enfermos, expulsar demonios y traer el cielo a la Tierra; puedes orar con confianza en Su nombre presentando todo lo que Él es y recibir todo lo que necesitas según Su Palabra.

El siguiente componente:

7.- INTERCAMBIO DE REGALOS

.- No solo se intercambiaban nombres entre los socios del pacto, sino también regalos.

1 Samuel 18:3-4 Entonces Jonatán hizo un pacto con David, porque lo amaba como a sí mismo. 4 Jonatán se quitó el manto que llevaba puesto y se lo dio a David con sus ropas militares, incluyendo su espada, su arco y su cinturón.

Lo interesante es que cada uno de los elementos mencionados tenía un significado.

.- El manto de una persona representaba la identidad y la autoridad de esa persona.

Cuando Jonatán le dio su manto a David, le estaba otorgando su identidad y autoridad; David había visto a Jonathan guerrear.

.- Ropa militares representa el ejemplo del carácter de guerrero.

.- Una espada representaba fuerza y protección.

Al darle su espada a David, Jonatán le estaba diciendo: "Prometo usar todo mi poder para protegerte". El arco representa visión y fuerza.

.- Su arco representa los brazos firmes y ágiles que son dadas por las manos del poderoso.

Finalmente, así como el cinturón se adhiere a la cintura del hombre, así debe de adherirse a Dios todo aquel que tiene un pacto con Él.

Jeremías 13:11 Porque como el cinturón se adhiere a la cintura del hombre, así hice adherirse a mí a toda la casa de Israel y a toda la casa de Judá» —declara el SEÑOR— «a fin de que fueran para mí por pueblo, por renombre, por alabanza y por gloria...

.- Cuando Jonatán le dio todos estos regalos a David, fue como decirle: «Todo lo que tengo está a tu disposición».

El siguiente componente:

8.- UNA CENA DE PACTO

.- Además de los elementos mencionados, los socios del pacto solían compartir una cena de pacto.

.- Esta consistía en pan y vino.

.- El pan representaba la carne.

.- También simbolizaba la riqueza de una persona y todo lo que poseía.

.- Los socios del pacto tomaban el pan y lo partían por la mitad, simbolizando compartir los recursos del otro.

.- Al cortar el pacto y partir el pan juntos, equivalía a decir: "Todo lo que tengo está a tu disposición".

El vino representaba la sangre.

.- Los socios del pacto podían beber vino como símbolo de sangre, entregando su vida al otro.

.- Dependiendo de la Iglesia, se utiliza vino o jugo para tomar la cena del Señor.

.- Al aplastar o exprimir uvas, lo que representa que se ha dado vida; alguien ha sacrificado su vida, derramando su sangre para mantener el pacto.

.- El pan era la promesa de compartir riqueza y posesiones, y el vino simbolizaba la sangre de la vida para fortalecer la promesa.

.- Beber la copa fue la manera en que cada participante dijo: Si tengo que dar mi vida para otorgar poder, lo daré.

.- Daré todo lo que tengo para cumplir el compromiso que hago contigo hoy.

El siguiente y último componente:

9.- UN EVENTO CONMEMORATIVO

.- Uno de los componentes más importantes de un pacto era un evento conmemorativo.

.- Este era un recordatorio para todas las partes, y un testigo visible, de que se había hecho un pacto.

Algunos ejemplos de eventos conmemorativos de la Biblia incluyen lo siguiente:

.- La circuncisión: La circuncisión del prepucio, se realizó como señal del pacto abrahámico.

Génesis 17:10 Este es mi pacto que guardaréis, entre yo y vosotros y tu descendencia después de ti: Todo varón de entre vosotros será circuncidado.

.- La plantación de árboles: Abraham plantó una arboleda en Beerseba como testimonio del pacto que hizo con Abimelec.

Génesis 21:32-33) Hicieron, pues, un pacto en Beerseba; y se levantó Abimelec con Ficol, comandante de su ejército, y regresaron a la tierra de los filisteos. 33 Y Abraham plantó un tamarisco en Beerseba, y allí invocó el nombre del SEÑOR, el Dios eterno.

.- La construcción de un pilar de piedra: Jacob y Labán erigieron un pilar de piedra como testimonio de su pacto.

Génesis 31:51 Y Labán dijo a Jacob: Mira este montón, y mira el pilar que he puesto entre tú y yo.

Génesis 31:13 Yo soy el Dios de Betel, donde tú ungiste un pilar, donde me hiciste un voto. Levántate ahora, sal de esta tierra, y vuelve a la tierra donde naciste».

Siempre había un evento o testimonio del pacto que se hacía entre los socios del pacto.

Comprender estos nueve componentes del pacto es muy útil para asimilar adecuadamente la mesa del Señor Jesucristo.

El Pacto Satánico y Las Clases de Posesiones

(Los conceptos legales del pacto – posesiones legal y la perfecta)

Capítulo 9

Inicio con esta interrogante: ¿qué es un pacto satánico?, la respuesta corta es, una subyugación diabólica; la respuesta larga podría decir que está a lo largo de este libro, aunque en este último capítulo estaré enfocado aún más sobre esa respuesta completa para que tengas una verdadera panorámica a este respecto.

Los que incursionamos en el terreno de la liberación hemos encontrado casos donde las personas que han hecho pacto con el diablo, son aquellas que deseaban algo de forma inmediata quizá o era algo que no podrían comprar y vendieron su alma a cambio de aquello que consideraron que valía intercambiarlo por su propia alma.

Por lo tanto, es necesario analizar con precisión qué es un pacto, su relación con lo diabólico y asimismo, analizar la liberación de sus efectos. Aunque también es necesario saber que la liberación es posible, a través del poderoso pacto de la sangre del Señor Jesucristo, por supuesto que no es fácil, se trata de llevar un proceso, pero debes saber que es posible.

Otro punto que debes saber es que existen diferentes formas de posesiones, no todas se etiquetan de la misma forma ni son de la misma naturaleza como lo son las posesiones que sufre una persona a raíz de haber establecido un pacto satánico.

Por esa razón es que, para poder comprender todo el asunto de los pactos, necesariamente tendrías que aprender a reconocer todo el concepto de los pactos lo cual, como ya lo mencioné, está a lo largo de este libro, pero en este capítulo me enfocaré a lo que es el pacto satánico; por esa razón es que, inicié con el tópico de una subyugación diabólica, porque Satanás responde a la solicitud de la gente que quiere hacer pacto con él, pero obviamente existen condiciones que la gente pasa por alto, no estiman el hecho que en ese pacto se están sometiendo a una subyugación de la voluntad e influencia de Satanás.

Posiblemente, hayas escuchado decir a una persona, refiriéndose a otra, que al tal le está yendo bien porque hizo un pacto con el diablo; pero realmente el pacto con el reino de las tinieblas es mucho más complejo de lo que no puedes imaginar. Es por eso que, no debería decirse bajo ningún punto de vista que, determinada situación con una persona, es producto de un pacto satánico, sin conocer a fondo cuál es la verdadera razón de aquello por lo cual una persona está en cierta opulencia.

Cuando alguien está bajo un pacto con Satanás, ambas partes cuidan que no haya manifestaciones públicas que revelen la situación que está viviendo aquella persona; esto sucede porque es una situación muy privada con esa persona y Satanás.

También debes saber que, dentro de las condiciones del pacto con Satanás, él requiere que ese pacto sea llevado en secreto, razón por la cual no hay manifestaciones públicas, a menos que, aquella persona llegue a un lugar donde haya una atmósfera de santidad, de presencia de Dios, que en ese lugar esté presente un hombre o una mujer ungida de Dios y que al encontrarse ambas personas, la persona de Dios logre discernir lo que aquella persona está viviendo, es entonces cuando surge una manifestación de lo que el reino de las tinieblas está trabajando porque no soportan la santidad de Dios en aquella persona; en caso contrario, aquella persona que ya hizo un pacto con Satanás, llevará una vida de lo más normal para pasar desapercibida.

Por supuesto que las manifestaciones que pueden darse no son solamente por personas que hayan pactado con Satanás, sino que, puede ser que haya gente que está en pecado, gente que le abrió la puerta a un demonio, aunque no precisamente para hacer un pacto, pero está estorbada y de pronto se le manifiesta el demonio cuando llega la persona a un lugar, también puede ser que esté estorbada porque le hicieron una brujería, practicó hechicería, etc.

Pero hacer pacto con Satanás, es otro nivel que la persona experimentará porque la persona puede pedirle al diablo cualquier cosa a precio de su alma; regularmente lo que la gente busca es poder, dinero, fama sin importarle que en el pacto hay condiciones que, quizá no escucharon claramente que debían cumplir y una vez que alcanzan su objetivo y llega el acreedor a cobrar de parte de Satanás, entonces empiezan a sufrir porque despertaron de su fantasía. Por supuesto que, la sangre poderosa derramada en la cruz del calvario por Jesús, es más poderosa que cualquier otro pacto y puede romper todo aquello que es contrario a la vida de aquel que se arrepiente de corazón; por supuesto que es parte del proceso de liberación como ya lo mencioné, pero la verdadera libertad en Dios es posible alcanzarla en el nombre de Jesús.

Dentro de todo esto también existe lo que se conoce como ritos a Satanás, pero es distinto al pacto que se haya hecho con aquella potestad porque en tal caso, una cosa es hacer actos rituales en favor de una creencia y otra cosa es hacer un pacto con alguien.

Cabe mencionar en este punto que, recientemente se publicó una noticia en la que, el mayor líder de la religión oficial en el mundo, está haciendo un llamado a que se unan más sacerdotes en una preparación para ser sacerdotes exorcistas, le llamaron a ese movimiento: el avivamiento de exorcistas; el mayor líder de esa religión lo está haciendo porque dice que es necesario el conocimiento de guerra espiritual debido al creciente movimiento de las tinieblas alrededor del mundo, así como el hecho que, hay gente que se está saliendo de la Iglesia evangélica porque no encuentran ayuda en los pastores y buscan ayuda en los sacerdotes de aquella religión esperando encontrar ayuda a sus problemas espirituales; gente que no conocían aquella religión así como aquellos que un día salieron de ahí, hoy están regresando por falta de ayuda en los pastores evangélicos.

El asunto con esto es que, si ellos tienen ese llamado a ser equipados; ¿qué hay de la Iglesia de Cristo que tenemos al Espíritu Santo para que nos lleve a toda verdad?, es necesario tener un despertar a lo que está sucediendo hoy en el mundo espiritual y saber que la sutileza con la que está trabajando el reino de las tinieblas, es cada vez de mayor engaño y mentira para engañar, como dice la Biblia, de ser posible, a los escogidos. Lamentablemente, dentro de la Iglesia de Cristo, dentro del pueblo de Dios, de los que somos llamados cristianos evangélicos, hay muchos líderes que niegan que la guerra espiritual sea bíblica y otros, aunque saben que es bíblica, no quieren equiparse; ante lo cual veo cierto nivel de irresponsabilidad porque siendo pastores, deben saber que eso encierra una responsabilidad muy amplia lo cual incluye la liberación de demonios y espíritus inmundos, conducir a la gente a que rompa con pactos, etc.

Debes recordar que eres parte del reino de la luz y que estás en constante guerra espiritual, para lo cual es necesario el equipamiento que estás llevando y asumir la responsabilidad que todo esto conlleva, no solamente con la liberación y restauración de tu alma, sino también que puedas desenvolverte como siervo de Dios en el área de liberación.

Una vez que he dejado la parte que considero como introducción para este capítulo, inicio con el desarrollo propiamente:

Apocalipsis 17:4 La mujer estaba vestida de púrpura y escarlata, y adornada con oro, piedras preciosas y perlas, y tenía en la mano una copa de oro **llena de abominaciones** y de las inmundicias de su inmoralidad...

De las interpretaciones escatológicas que se ha enseñado respecto a este versículo, existe una que no es muy frecuente escuchar de los escatólogos, lo cual es precisamente porque requiere una óptica de guerra espiritual, la cual es la siguiente:

Es posible interpretar que la copa de la ramera representa un pacto satánico. Esta interpretación no se aparta del significado escatológico que ya tiene; pero es necesario verlo desde otra perspectiva y entonces notar lo siguiente:

.- La bestia representa al anticristo: se opone a Dios.

Cuando una persona hace pacto con Satanás vendiéndole su alma, automáticamente está diciendo que no quiere saber nada de Dios y que prefiere pasarse a las tinieblas porque el diablo actúa más rápido. En ese momento puede llegar el espíritu del anticristo para que a partir de aquel momento, esa persona se oponga también a todo lo que tenga que ver con Cristo.

.- El anticristo representa un poder político y demoniaco.

.- La copa llena de abominaciones representa el pacto satánico.

.- La copa es la imitación de la copa de vino de la sangre de Cristo.

Con esto puedes ver entonces que, Satanás se ha movido, se mueve y se moverá a través de pactos con gente que pueda engañar para ganarles el alma.

Creo conveniente mencionar que, el estudio de los pactos con Satanás, lo empecé a estudiar a raíz de un problema que tuvo uno de mis hijos, donde Satanás le envió a través de una persona, un contrato en el cual solamente debía firmar para que empezara a cobrar vigencia algo que Dios ya le había prometido a mi hijo. En ese momento llega mi hijo a consultarme el asunto y es cuando Dios me abre el entendimiento a este respecto y obviamente rompimos el contrato en el nombre de Jesús.

Digo esto como testimonio de las cosas que nosotros como pastores vivimos y que debemos compartir para que personas como tú, sepan que todos estamos sujetos a ser tentados por Satanás, pero en el nombre de Jesús podemos detener aquel engaño para que todo el terreno que haya ganado hasta ese momento; sea reconquistado y haya liberación y restauración de parte de Dios.

Ahora observa que, no solamente en el Nuevo Testamento hay pactos con el reino de las tinieblas, también los hubo en el Antiguo Testamento:

Isaías 28:15 (NBD) Han firmado pacto con la muerte, dicen, y **se han vendido al diablo** a cambio de su protección contra los asirios. «No podrán tocarnos», dicen, «pues estamos protegidos por uno que los engañará y los burlará»...

Isaías 28:15 (DHH) Ustedes dicen: "**Hemos hecho un pacto** con la muerte, **un contrato con el reino de los muertos,** para que cuando venga la terrible calamidad, no nos alcance; hemos buscado refugio en las mentiras, protección en el engaño."

Con esto puedes ver que un pacto con Satanás lleva una forma legal, no es solamente un acuerdo verbal, por supuesto que las palabras tienen autoridad y es por eso que la Biblia dice que con la lengua se puede atar una persona; sin embargo, como es una forma legal, en medio de una liberación la potestad se puede manifestar y decir que tiene el derecho que le fue conferido.

Conceptos Legales De Pacto

Un pacto es una forma de contrato

El Diccionario Oxford de la Lengua Inglesa define el pacto como acuerdo, convenio, un acuerdo entre personas o partes; un pacto.

Como forma de contrato, posee todos los elementos que normalmente tendría un contrato, tal como lo verás más adelante; pero aquí el punto que quiero resaltar es el hecho que si bien es cierto que la persona puede invocar a Satanás para hacer un pacto, también debe haber respuesta de parte de las tinieblas para que se establezca el pacto.

Dentro de todo esto debo poner como ejemplo el hecho del momento cuando alguien contrae una deuda por la compra de un bien; le presentan el contrato, pero difícilmente alguien lee a consciencia todo el contrato porque vivimos en medio de un sistema donde todo es rápido, no solamente la comida rápida, sino que, todo el comercio se ha convertido en negocios rápidos y la mayoría de personas no leemos el contrato que nos presentan cuando hacemos determinado negocio; al vendedor no le interesa que el comprador lo lea todo; sin embargo, a Satanás le interesa que la persona que le está vendiendo su alma, esté consciente que el alma que es de Dios, la está vendiendo en ese momento a Satanás.

El elemento de contrato con el diablo

.- El elemento de contrato es su efecto, lo que sucederá, lo que repercutirá, lo que tendrá lugar en la vida de aquella persona.

.- El efecto principal es que la persona se coloca a sí misma bajo la estructura de poder de Satanás o de algún otro demonio.

Es por esta razón que en el lenguaje de la liberación y guerra espiritual, yo llamo a esto subyugación, lo cual es aquella forma de influencia diabólica que implica un pacto con el Satanás y que es esa entidad la que tiene la autoridad sobre la persona y esta debe hacer lo que el diablo le diga para que se cumplan las condiciones del pacto.

El término "subyugar" se define como:

.- Poner bajo el yugo o en estado de sujeción, reducir a la condición de un país o pueblo sometido.

.- Reducir a la servidumbre o someter a un control total, hacer sumiso o servil.

Por consiguiente, la subyugación en el contexto de lo diabólico implica dos cosas:

.- Lo primera es: que la persona se ubica bajo el dominio de un demonio con el fin de obtener algo; sea esto, dinero, poder, fama, etc.

.- Lo segundo es: que dicha acción conlleva una connotación negativa sin importar que podría involucrar a su descendencia.

Es decir, que a la larga no beneficiará a la persona que ha celebrado el contrato con el diablo, espiritual ni temporalmente porque cuando llegue el momento del cobro, el acreedor cobrará lo pactado sin importar si hubo satisfacción por parte de la persona; el cobro se hará de acuerdo a lo pactado; aún más, no importa si eso implica que comprometió la vida de la línea genealógica que está por llegar sin importar los años que puedan faltar. Por eso resulta necesario examinar todos los elementos que lo constituyen.

Los elementos de un contrato:
El número de partes que se involucran

.- Todo contrato requiere dos o más partes.

.- En el caso de un pacto con el diablo, las dos partes contratantes suelen ser:

.- Por un lado, Satanás y por el otro, la persona que accede a los términos; aunque podría ser que también haya una tercera parte que Satanás involucre; pero la parte principal es la persona que quiere hacer el pacto con Satanás para aceptar sus condiciones; por eso es que, regularmente la persona tiene la reunión con Satanás, aunque podría ser que haya una delegación humana de parte de Satanás para que lo represente, pero por lo general ese tipo de reuniones son con esa entidad. También puede ser que llegue Satanás y un humano que ya esté poseída y la otra persona que está por pactar con las tinieblas.

.- Es posible que la persona termine poseída o diabólicamente influenciada por un demonio distinto de aquel con quien cree estar celebrando el contrato.

.- Una de las metas que busca el reino de las tinieblas dentro de una geografía, es que haya un representante humano en cierta región para que interactúe con la sociedad. Esto es como una copia de lo que sucede con la Iglesia de Cristo, porque es Dios quien tiene representantes en muchas regiones alrededor de toda la Tierra, la Iglesia es el organismo autorizado por Dios, con Su respaldo para neutralizar los efectos de maldad en la región donde está ubicada.

Lo que podría suceder al realizar un pacto satánico:

.- Cuando una persona hace un pacto con el diablo, es posible sea un demonio diferente quien termine poseyendo el cuerpo.

.- Es posible también que una persona sea poseída por más de un demonio, o que quede sujeta a la influencia de más de un demonio a través del pacto.

.- En la mayoría de los casos de posesión, el demonio que posee el cuerpo suele ser aquel con quien la persona ha celebrado el pacto.

.- Aunque pueda haber demonios secundarios que también posean a la persona, habiendo entrado en una fecha posterior o simultáneamente por otros medios, a la fecha de la celebración del pacto. Una vez haya un pacto con el reino de las tinieblas, la persona es esclava de Satanás y es él quien decide lo que hará con esa vida.

Validez de un contrato

Primero

.- La persona que lo establece debe tener la edad legal.

.- Como requisito demoniaco las personas involucradas deberán tener la capacidad legal para celebrar el contrato; para Satanás la gente adulta es mejor para celebrar su pacto.

.- Eso significa que si el pacto lo realizó un menor de edad, resultará mucho más sencilla su liberación que con aquellos que ya han alcanzado la mayoría de edad. Si era menor de edad no entiende acabalidad lo jurídico y es más fácil la liberación; porque como Dios es juez justo y examina todo y puede verificar que la persona no tenía la edad legal para pactar con Satanás.

.- En la tradición judía los hijos se graduaban del hijo de los preceptos de la Biblia, los cuales sus padres le enseñaron sobre los 613 mandamientos. Hasta antes de los 13 años los padres eran responsables de lo que su hijo hiciera, a partir de esa edad, el joven pasaba a ser responsable de sus actos. Esta es considerada la primera edad.

.- La siguiente edad en madurez y considerada como la segunda edad, es como la cultura occidental en términos promedio, lo cual es a los 18 años.

.- La siguiente edad considerada como la tercera edad es a partir de los 21 años.

.- La siguiente edad considerada como el clímax del hombre, es a los 30 años y el clímax de la mujer es a los 40 años.

Estos rangos de edad son importantes para Satanás; pero cuando es un niño inmaduro el que hace un pacto con Satanás; es más fácil la liberación.

.- La capacidad jurídica del individuo en su condición de menor es, en cierto modo, limitada y por consiguiente, los efectos del pacto suelen verse atenuados o debilitados.

.- Los menores de edad, en ocasiones, en algunas personas que celebran un pacto con el diablo antes de haber alcanzado la mayoría de edad, el pacto parece, de hecho, cumplirse pero no por completo; mientras que cuando se trata de un hombre o una mujer en la edad madura de cada uno, es más dificil, aunque también tiene mucho que ver las condiciones por las ambiciones que puedan tener.

.- Todo esto nos ayuda para poder comprender el nivel de resistencia que puede ocurrir en la liberación y rompimiento del pacto diabólico.

Segundo

.- El que establece el pacto debe de estar vivo y consciente.

.- Aplicando el mismo principio, de que se debe ser capaz de celebrar un contrato.

Significa que un muerto no posee dicha capacidad, dado que no puede cumplir los términos del contrato en esta vida terrenal.

.- La persona debe estar viva, consciente porque Satanás exige la realización de alguna acción de carácter físico; él cumplirá con lo que le corresponda para poderle exigir a la persona lo que quiera; es decir, si la persona pidió dinero, Satanás se lo cumplirá en la medida que aquella persona cumpla su parte.

Significa que la muerte pone fin a un contrato, a menos que, este sea vinculante para los herederos de la persona. Puede darse una persecución a sus descendientes para que los cumpla, pero eso lo decide Satanás; en tal caso, por lo general, la situación empieza por los primogénitos.

.- El pacto de Satanás exige como requisito: poseer un cuerpo físico para cumplir con las exigencias materiales del acuerdo.

.- En otras palabras, ciertos tipos de pactos con el diablo exigen la realización de actos, lo cual solamente puede ser garantizado por alguien que posea un cuerpo físico.

Consentimiento mutuo

Las partes se ponen de acuerdo en el consentimiento que interviene en el pacto y es un requisito indispensable para la validez del contrato.

.- El contrato es un acto que se celebra de manera voluntaria; Satanás no obliga a nadie.

.- Cada una de las partes otorga su pleno consentimiento para que dicho contrato adquiera carácter vinculante.

.- El contrato es una actividad vinculada la cual reside en la voluntad.

.- Adquiere fuerza obligatoria cuando cada una de las partes otorga su consentimiento pleno; tiene que estar activo en las demandas de Satanás.

Esta es una de las razones por las que los demonios se esfuerzan en inducir al individuo a otorgar su consentimiento para la celebración de un pacto.

La razón del consentimiento pleno

.- Avanza el proceso de posesión demoniaca.

.-El demonio ejerce un control cada vez mayor sobre el individuo.

.- El demonio busca la sumisión voluntaria de la persona.

.- Así quedará afirmado el pacto.

.- Todo demonio es plenamente consciente de que no puede obligar al individuo a celebrar dicho pacto por la fuerza.

.- Esto no le impide sembrar en la imaginación del individuo la sugerencia de un pacto.

.- Los demonios son plenamente conscientes de que la ausencia de un consentimiento pleno, invalida cualquier contrato o pacto que intenten establecer con el individuo.

.- Por esta razón, sugieren constantemente al individuo ciertos elementos con el fin de aumentar la probabilidad de que este, otorgue su consentimiento de manera plena; incluso el demonio puede insistir en que debe estar seguro del pacto porque solamente así podrá manipular a la persona.

La oferta demoniaca

.- Ofrecer a la persona placer, así como diversos bienes o deleites, con el propósito de inclinarla a dar su aprobación.

.- En la negociación del pacto, un demonio puede ofrecer a la persona, deleite o placer en un ámbito específico en ocasiones de índole sexual durante largos períodos de tiempo antes de proponerle los términos del pacto.

.- En otras palabras, los demonios poseen un conocimiento perfecto de la mecánica exacta de un contrato y de los medios para lograr que alguien otorgue su consentimiento al mismo.

Esto no implica, sin embargo, que no oculten el hecho de que, al actuar de este modo, la persona se está sometiendo a su poder. Evidentemente, ocultan el hecho de que tal acto constituye una ofensa grave contra Dios y de que acarreará consecuencias fatales para el individuo. Algunas personas creen erróneamente que no tienen que pagar el precio del contrato. Es por esta razón, que los demonios tienden a seducir a la persona para que celebre el contrato, no mediante amenazas, sino sugiriéndole algún bien que le concederán, tales como la fama, el dinero, el poder, etc.

El requisito de realizar una acción

.- Que la persona renuncie a su alma o bien otorgue al demonio acceso a algún aspecto de su vida, entre otras posibilidades.

.- La persona promete realizar algo de manera continua para seguir otorgando poder a los demonios a lo largo del tiempo, por ejemplo, llevar a cabo algún tipo de ritual, sacrificio, etc., de forma regular o en más de una ocasión.

La esencia del contrato radica en establecer un requisito de actividad por parte de una o más de las partes involucradas. En un contrato, una persona se ve obligada a realizar una acción, a cambio el demonio proporcionará aquello que se haya estipulado en el contrato, sea cual fuere su naturaleza. El requisito de realizar algún tipo de actividad, por lo tanto, impone una carga en relación con el contrato sobre ambas partes para que estas puedan cumplir con los términos del mismo.

Sin embargo, el diablo es incapaz de dar todo lo que promete a sus pactados

.- Los demonios no pueden celebrar un contrato con un ser humano en el sentido estricto del término.

.- Dado que toda actividad diabólica está sujeta a la voluntad de Dios (**Isaías 28:18**).

.- Por esta razón es que se puede romper el pacto satánico en una liberación.

Los seres humanos tienden a dejarse engañar fácilmente por los demonios, creyendo que estos pueden proporcionarles cosas que, en última instancia, no pueden garantizar. En última instancia, corresponde a Dios permitir que los demonios proporcionen aquello que el pacto conlleva. Es por esta razón que los pactos con el diablo a veces se cumplen por parte de los demonios.

Isaías 28:18 Vuestro pacto con la muerte será anulado, y vuestro convenio con el sheol no subsistirá más; cuando pase el azote, cual torrente, seréis aplastados por él.

Objeto del contrato

.- En todo contrato existe un objeto que recibe la acción.

.- Por ejemplo: riquezas, fortuna, poder, sexo sin inhibiciones, autoridad sobre los demás, honores, éxito, venganza, habilidades extraordinarias, una larga vida, etc.

En cierto sentido, no existe nada en el universo físico creado que no esté al alcance del deseo de una persona de obtenerlo por medios diabólicos.

Declaración de intención

.- En lo que respecta al contrato, la intención de una de las partes de celebrarlo debe ser declarada.

.- No se puede presumir la existencia de un contrato si uno de los individuos involucrados nunca expresó su intención de celebrarlo.

Eso significa por regla general, que dicha expresión se manifiesta ya sea de forma escrita o verbal. Los demonios saben que la celebración del contrato debe manifestarse intencionalmente.

La forma escrita

.- El pacto requerirá algún tipo de expresión verbal o física.

.- La forma escrita, el demonio sugiere algo y el individuo da su consentimiento y lo confirma con su propia sangre.

La dinámica en la expresión escrita

.- El ser humano escribe el contrato y lo firma.

.- El demonio se comunica con el individuo para que lo escriba, lo firme.

.- La persona guarda el contrato o bien el demonio mismo lo toma y lo oculta.

.- En ocasiones aún más raras, los demonios pueden aparecer metafísicamente y tener un contrato físico real que la persona debe firmar.

Definición del contrato

La definición de contrato es el consentimiento y la aprobación de dos o más personas sobre la misma cosa que obliga por igual, al menos a una de las partes contratantes.

Otra forma de definir un acuerdo mutuo celebrado entre dos o más personas y manifestado externamente es para hacer o abstenerse de hacer ciertos actos a petición de otra persona. Dado que un contrato es un acto legal, es vinculante para las partes que lo celebran.

Pacto con el diablo

.- Al analizar las diversas formas de contrato, un pacto con el diablo es bilateral, formal, es decir, expresado por escrito y bajo sello.

.- Esto ocurre cuando las personas se someten voluntariamente a Satanás o se colocan bajo su autoridad.

.- Por ejemplo: mediante un pacto de sangre con el diablo o a través de una consagración a los demonios.

Un pacto con el diablo constituye un acto voluntario de someterse al gobierno tiránico de este, en este sentido, se trata de una verdadera subyugación, aún cuando el individuo pueda sentirse complacido con los bienes que recibe o con aquello que está por recibir, a la postre, dicho pacto conducirá a su ruina.

Isaías 28:15 Porque habéis dicho: Hemos hecho **un pacto** con la muerte, hemos hecho **un convenio** con el Seol; cuando pase el azote abrumador, no nos alcanzará, porque hemos hecho de la mentira nuestro refugio y en el engaño nos hemos escondido.

La propia Escritura indica que el pacto en sí mismo se convertirá en un contragolpe y provocará el sufrimiento de la persona que lo ha contraído.

El contexto de Isaías 28:15 dice: Y vuestra alianza con la muerte será anulada, y vuestro pacto con el infierno no subsistirá; cuando pase el azote desbordante, seréis arrollados por él.

En definitiva, nada bueno puede derivarse de un pacto con el diablo.

Asimismo, debe comprenderse que, al celebrar un pacto con el diablo, uno se está separando de Dios.

Biblioteca De Guerra Espiritual Para Combatientes De Liberación

TOMO #2
PRINCIPIOS DE
GUERRA
ESPIRITUAL
EQUIPAMIENTO INTEGRITAS
DR MARIO H. RIVERA
PASTORA LUZ RIVERA

EL MANÁ DEL DÍA
TOMO
3
PRINCIPIOS
DE LIBERACIÓN
DE LA
CASA
CONTAMINADA
DR. MARIO H. RIVERA & PASTORA LUZ RIVERA

TOMO
2
FORTALEZAS
MENTALES
(DIFERENCIANDO ENTRE FORTALEZA MENTAL, TRASTORNO MENTAL, FORTALEZA DEMONIACA)
DR. MARIO H. RIVERA & PASTORA LUZ RIVERA

SERIE: EQUIPAMIENTO INTEGRAL PARA COMBATIENTES DE LIBERACION #16
LA GUERRA ESPIRITUAL DEL
SEGUNDO CIELO
EL PROTOCOLO DEL TRIBUNAL PARA LA LIBERACION
DR.MARIO H. RIVERA / PASTORA LUZ RIVERA

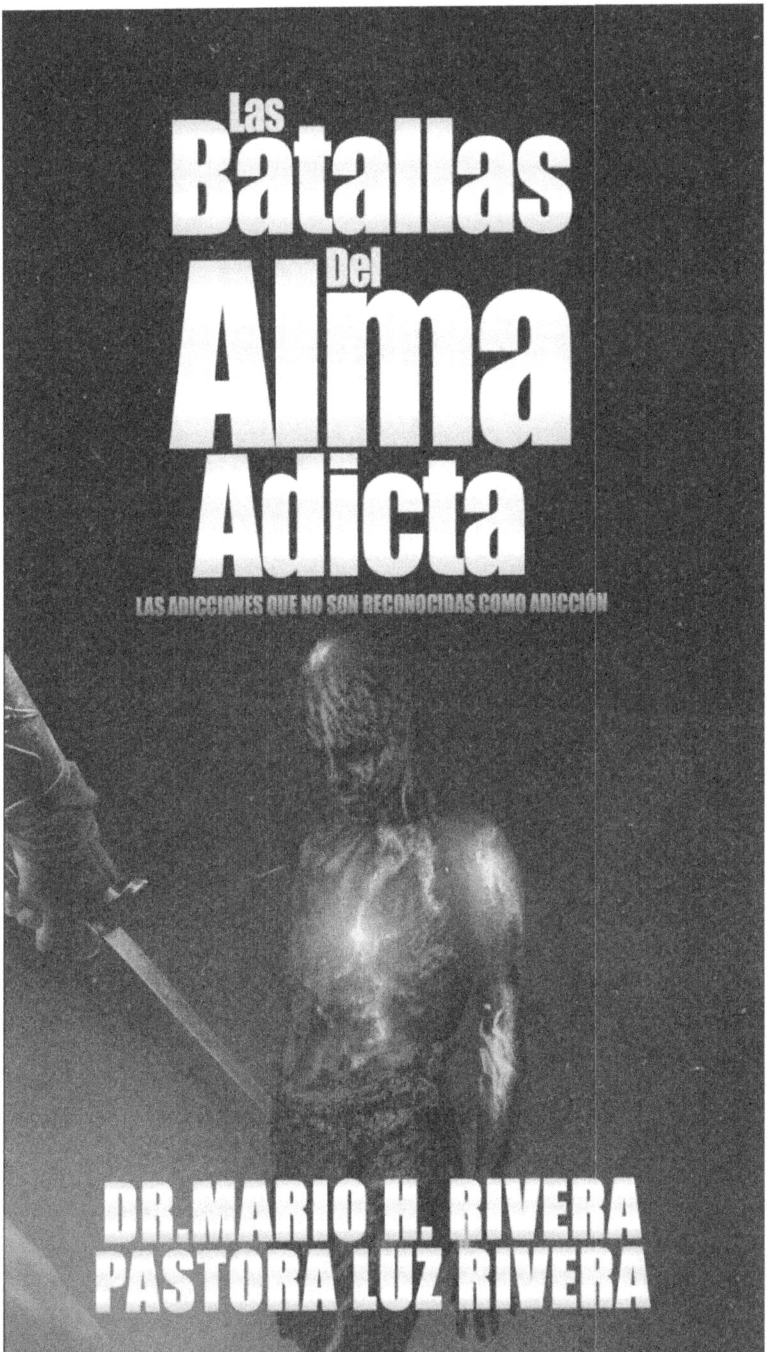
Las
Batallas
Del
Alma
Adicta
LAS ADICCIONES QUE NO SON RECONOCIDAS COMO ADICCIÓN
DR.MARIO H. RIVERA
PASTORA LUZ RIVERA

SERIE: EQUIPAMIENTO INTEGRAL PARA COMBATIENTES DE LIBERACION #15
LOS PODEROSOS DEL
REINO DE DIOS
QUE DESTRUYEN LA BRUJERIA DEL TIEMPO FINAL
DR.MARIO H. RIVERA / PASTORA LUZ RIVERA

EQUIPAMIENTO
PROFETICO
TOMO
2
LA MINISTRACIÓN SENSITIVA DE UN
PROFETA
EL PERFIL DE UN PROFETA
DR. MARIO H. RIVERA & PASTORA LUZ RIVERA

LA CARTOGRAFIA
ESPIRITUAL
DE LAS
BATALLAS
EN LA
MENTE
DR MARIO H. RIVERA & PASTORA LUZ RIVERA

EL
AYUNO
ESTRATÉGICO EN LAS
BATALLAS
ESPIRITUALES
DR MARIO H. RIVERA & PASTORA LUZ RIVERA

LA
CONSTITUCION
DE LA
OBEDIENCIA
EL EFECTO JURÍDICO CELESTIAL
DR MARIO H. RIVERA & PASTORA LUZ RIVERA

PRINCIPIOS DE
GUERRA
ESPIRITUAL
EQUIPAMIENTO INTEGRITAS
DR MARIO H. RIVERA
PASTORA LUZ RIVERA

EQUIPAMIENTO PROFETICO
TOMO 1
EL PERFIL DE UN PROFETA
DR. MARIO H. RIVERA & PASTORA LUZ RIVERA

EQUIPAMIENTO INTEGRAL PARA COMBATIENTES DE LIBERACION 014
TRANSFERENCIAS ESPIRITUALES
DR. MARIO H. RIVERA & PASTORA LUZ RIVERA

DR. MARIO H. RIVERA & PASTORA LUZ RIVERA
La Guerra Por La Genetica
La Evolución Adámica

LA TRILOGIA DE LAS
BATALLAS
Dr. Mario H. Rivera & Pastor Luz Rivera

ESCUELA DE
INTERCESORES
SEGUNDO NIVEL
DR MARIO H. RIVERA

ESCUELA DE
INTERCESORES
PRIMER NIVEL
APOSTOL MARIO H. RIVERA

Los Niveles De La Comunicación Divina
Apostol Mario H. Rivera
Pastora Luz Rivera
APELACION
INTERCESION
GEMIR
CLAMOR
ORACION
Los Niveles De La Comunicacion Divina
DR. MARIO H. RIVERA
PASTORA LUZ RIVERA

LAS PUERTAS DEL HADES NO PREVALECERAN
CONTRA MI IGLESIA
DR. MARIO H. RIVERA
PASTORA LUZ RIVERA
LAS PUERTAS DEL HADES
NO PREVALECERAN
CONTRA MI
IGLESIA
DR. MARIO H. RIVERA
PASTORA LUZ RIVERA
LAC

#12 SERIE: EQUIPAMIENTO INTEGRAL PARA COMBATIENTES DE LIBERACIÓN
LA CIENCIA ARCAICA
DE LA
ESCLAVITUD
Y LA REVELACIÓN DIVINA QUE LA DESTRUYE
DR. MARIO H. & PASTORA LUZ RIVERA

LIBRO# 11 SERIE: "EQUIPAMIENTO INTEGRAL
PARA COMBATIENTES DE LIBERACIÓN"
EL MISTERIO DE LA
INIQUIDAD
DR. MARIO H. RIVERA
PASTORA LUZ RIVERA

SERIE: EQUIPAMIENTO INTEGRAL PARA COMBATIENTES DE LIBERACION #10
EL MUNDO DE LOS
ESPIRITUS
DR. MARIO H. RIVERA
PASTORA LUZ RIVERA

Serie: Equipamiento Integral
Para Combatientes De Liberación #9
LA PALESTRA DEL
GUERRERO
ESPIRITUAL
Dr. Mario H. Rivera
Pastora Luz Rivera
LA PALESTRA DEL GUERRERO
DR. MARIO H. RIVERA
PASTORA LUZ RIVERA
#9

SERIE EQUIPAMIENTO INTEGRAL PARA COMBATIENTES DE LIBERACION #8
LAS RAICES DEL
ABISMO
ADICCIONES
ANSIEDAD
IRA
VICIOS
ACUSACION
CONDENACION
SEPARACION DE DIOS
ESTRES
TEMOR
TRISTEZA
DR. MARIO H. RIVERA

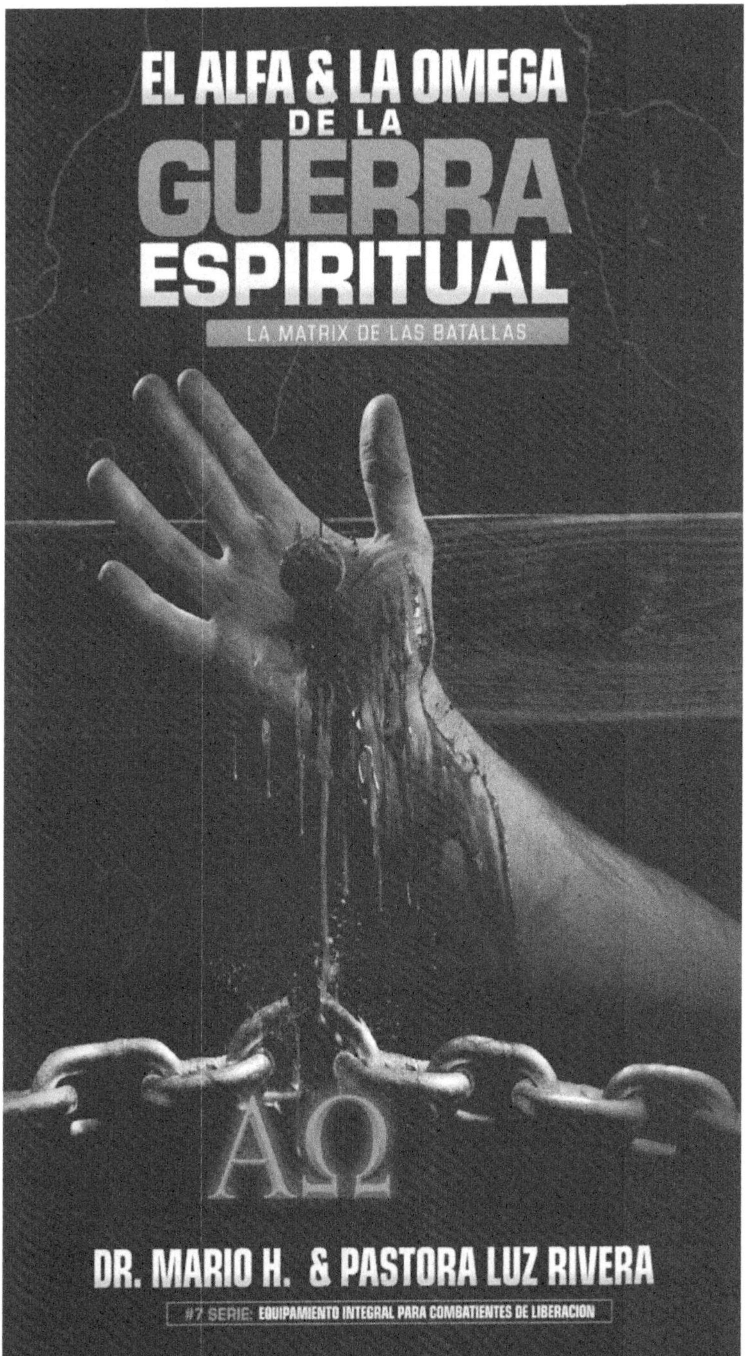
EL ALFA & LA OMEGA
DE LA
GUERRA
ESPIRITUAL
LA MATRIX DE LAS BATALLAS
AΩ
DR. MARIO H. & PASTORA LUZ RIVERA
#7 SERIE: EQUIPAMIENTO INTEGRAL PARA COMBATIENTES DE LIBERACION

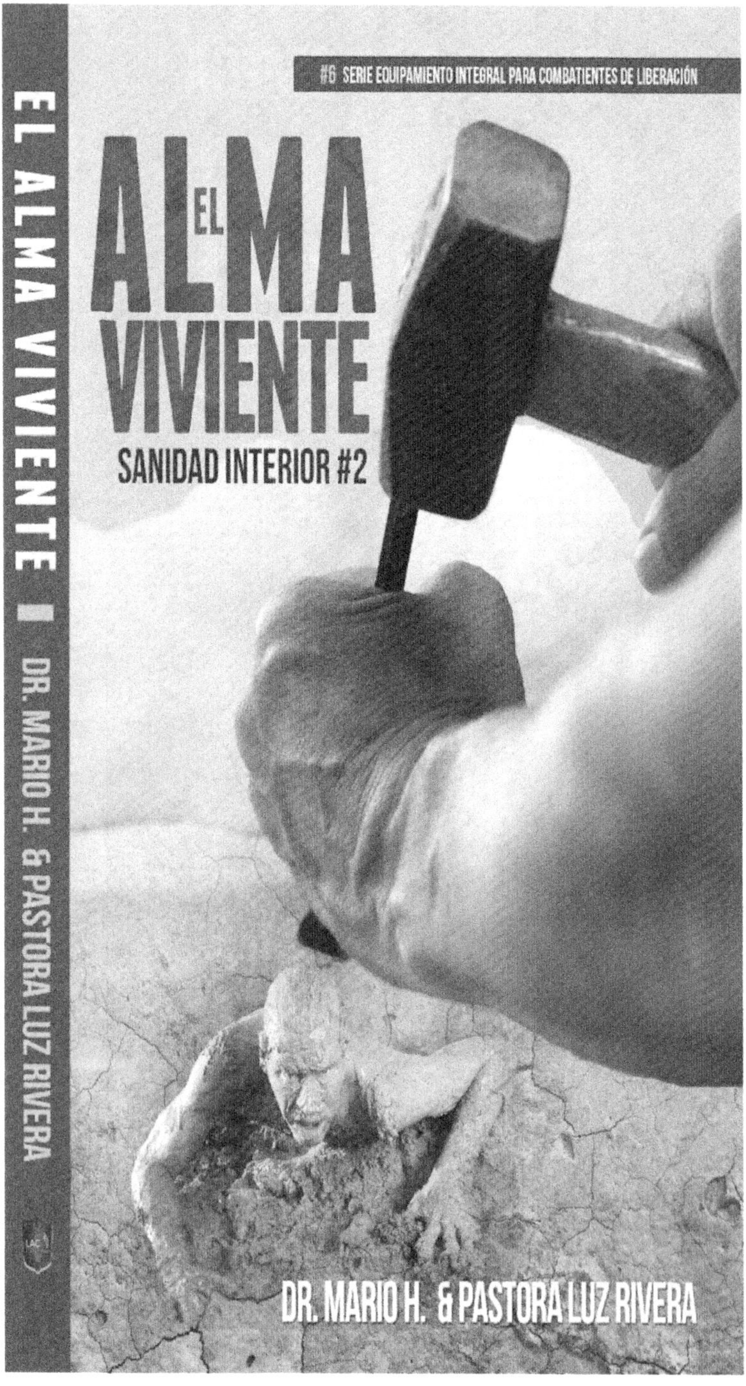
EL ALMA VIVIENTE
DR. MARIO H. & PASTORA LUZ RIVERA
#6 SERIE EQUIPAMIENTO INTEGRAL PARA COMBATIENTES DE LIBERACIÓN
EL ALMA VIVIENTE
SANIDAD INTERIOR #2
DR. MARIO H. & PASTORA LUZ RIVERA

EL ORIGEN DEL
ALMA
SANIDAD INTERIOR #1
#5 SERIE EQUIPAMIENTO INTEGRAL PARA COMBATIENTES DE LIBERACIÓN
DR. MARIO H. RIVERA
PASTORA LUZ RIVERA
EL ORIGEN DEL ALMA
DR. MARIO H. RIVERA
PASTORA LUZ RIVERA

EL REGIMEN
JURIDICO
DE LOS DERECHOS
ESPIRTUALES
EQUIPAMIENTO INTEGRAL PARA COMBATIENTES DE LIBERACIÓN
LIBRO
4
DR. MARIO H. RIVERA & PASTORA LUZ RIVERA

TOMO 3: EDICION MINISTERIAL
LOS
ANCESTROS
LIBERACIÓN DE LA GENÉTICA Y EPIGENÉTICA
SERIE: EQUIPAMIENTO INTEGRAL PARA COMBATIENTES DE LIBERACIÓN
DR. MARIO H. RIVERA & PASTORA LUZ RIVERA

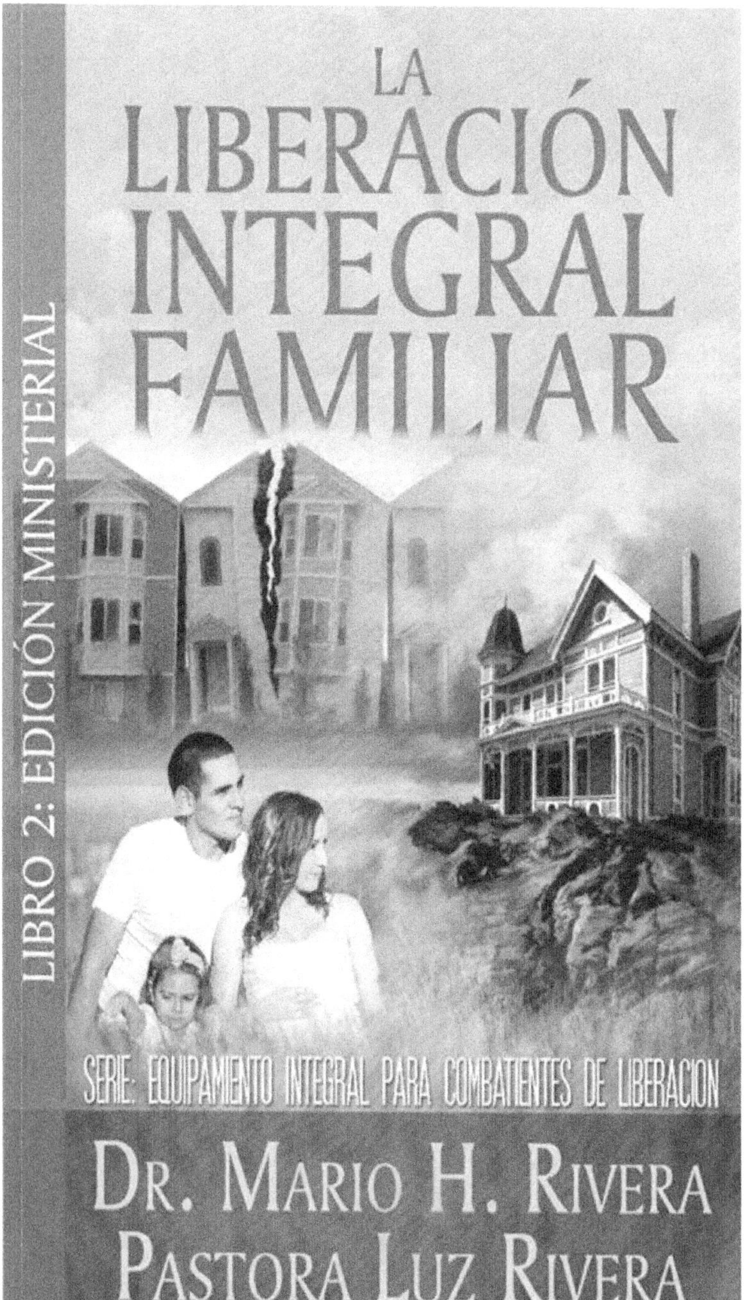
LA
LIBERACIÓN
INTEGRAL
FAMILIAR
LIBRO 2: EDICIÓN MINISTERIAL
SERIE: EQUIPAMIENTO INTEGRAL PARA COMBATIENTES DE LIBERACION
DR. MARIO H. RIVERA
PASTORA LUZ RIVERA

LIBRO 1
EDICION MINISTERIAL
LAS HERRAMIENTAS DEL
LIBERTADOR
EQUIPAMIENTO INTEGRAL PARA COMBATIENTES DE LIBERACIÓN
DR. MARIO H. RIVERA
PASTORA LUZ RIVERA

Made in the USA
Coppell, TX
17 June 2026

81250939R00157